Juventud y procesos educativos

Rosane Castilho

Juventud y procesos educativos

Una investigación con jóvenes de enseñanza media en Brasil y Argentina

Castilho, Rosane
 Juventud y procesos educativos : una investigación con jóvenes de enseñanza media en Brasil y Argentina . - 1a ed. - Buenos Aires : Teseo; Universidad Estadual de Goiás, 2012.
 172 p. ; 20x13 cm. - (Educación)
 ISBN 978-987-1859-06-1
 1. Educación.Investigación. I. Título
 CDD 370.1

© Universidade Estadual de Goiás, 2012

© Editorial Teseo, 2012

Buenos Aires, Argentina

ISBN 978-987-1859-06-1

Editorial Teseo

Hecho el depósito que previene la ley 11.723

Para sugerencias o comentarios acerca del contenido de esta obra, escríbanos a: **info@editorialteseo.com**

www.editorialteseo.com

Para los jóvenes investigados, que por su disponibilidad y alegría llenaron de entusiasmo nuestros encuentros.

Para Andressa, João y Victoria, siempre...

La educación es el punto en el que decidimos si amamos al mundo lo bastante como para asumir una responsabilidad por él y así salvarlo de la ruina que, de no ser por la renovación, de no ser por la llegada de los nuevos y jóvenes, sería inevitable.

Hannah Arendt

Índice

Agradecimientos 15
Presentación 17
El trabajo de campo
como desvelamiento e interpretación 19

1. Tipo de investigación 20
   1.1 Universo de análisis y muestra 21
   1.2 Instrumentos 22
2. Descripción de los procedimientos 23
   2.1 Discusión acerca de los procedimientos
       realizados en las tres fases de la investigación
       de campo 25
   2.2 Las discusiones que atravesaron la problemática
       de la autoridad 50
3. Análisis e interpretación de los datos emergidos
   de la investigación cuantitativa 51
   3.1 Metodología estadística 51
   3.2 Análisis descriptivo 52
   3.3 Análisis inferencial 61
4. Análisis e interpretación de los datos emergidos
   de la investigación cualitativa 62
   4.1 La autoridad en cuestión 63
      *4.1.1 Cuando la cuestión de la autoridad es cercana
         al acto de obedecer* 66
      *4.1.2 Otra mirada hacia la relación entre autoridad
         y poder* 67
   4.2. Distintas miradas relativas a la condición
        docente y sus igualmente distintas
        representaciones, sentidos y significados 73
      4.2.1 El sacrificio de Sísifo impuesto a los profesores 76
      *4.2.2 La mirada acerca de la función educativa y
         organizadora de las reglas* 77

4.3 Las distintas lecturas acerca de la "juventud
problema" 91
4.4 La familia 92
4.5 El rol del Estado 94
4.6 Para no decir que no hablé de las flores 99

CONCLUSIONES 105

La conformación de las categorías analíticas 105
Investigaciones cercanas 110
Reflexiones finales 115

ANEXOS 117

Anexo A 117
Anexo B 120
Anexo C 123
   Guía de las entrevistas realizadas en las escuelas
   argentinas y brasileñas 123
Anexo D 124
   1. Metodología estadística 124
Anexo E 125
   2. Análisis descriptivo 125
Anexo F 126
Anexo G 127
Anexo H 128
Anexo I 129
Anexo J 130
Anexo K 132
Anexo L 134
Anexo M 135

Anexo N 136
Anexo Ñ 137
Anexo O 138
Anexo P 139
Anexo Q 140
Anexo R 141
Anexo S 142
Anexo T 143
Anexo U 144
Anexo V 145
Anexo W 146
Anexo X 148
Anexo Y 150
Anexo Z 151
Anexo AA 154
Anexo AB 156
Anexo AC 158
Anexo AD 160

Referencias bibliográficas 167

Agradecimientos

A mi primera directora de Tesis, Dra. Malvina do Amaral Dornelles, que, debido a un largo tratamiento de salud no ha podido acompañarme hasta el fin de la escritura del trabajo.

A mi director de Tesis, Dr. Rubén Román, por aceptar dirigir mi Tesis y por las innumerables horas de trabajo, paciencia y dedicación. Agradezco además la confianza en mí depositada y el ejemplo de seriedad y compromiso con su hacer académico.

A la Dra. Margarita Schweitzer, por las siempre buenas palabras de esperanza y por tener tan fuertemente presente su rol de educadora. A ella mi gratitud y reconocimiento.

A los profesores del curso de Doctorado de la UCSF, así como a los jurados (Comisión de Evaluación de la Tesis) que la indicaron para publicación.

A Valéria Fechine, por su fundamental ayuda en las definiciones relativas a las cuestiones estadísticas concernientes al tratamiento de los datos cuantitativos de este trabajo.

A Itelvides Morais, Doctor en Sociología-Universidade de Brasília (UNB), por su generosidad al leer y discutir este trabajo y todo lo que esta disposición implica...

A Cecilia Susman, por la ayuda con las traducciones para el castellano de los discursos de los jóvenes brasileños. Como joven que es, Cecilia puede ayudarme a abstraer el "espíritu" contenido en los mismos.

A la Asesoría de PosGrado de la Universidad Estadual de Goiás, institución a la cual pertenezco, por concederme una beca para calificación doctoral.

Al equipo directivo, pedagógico y técnico administrativo de las escuelas en Argentina, mis sinceros agradecimientos, mi cariño y gratitud.

Al equipo directivo, pedagógico y técnico-administrativo de las escuelas brasileras por posibilitar la realización del trabajo de campo como demostración de confianza y respeto por el trabajo académico.

A todos aquellos que no cité nominalmente, pero estuvieron conmigo en este tiempo de "exilio y estudios", así como ayudándome a realizar la investigación de campo que resultó en este libro.

Presentación

La investigación que aquí presentamos -producto de la tesis doctoral de la autora- tuvo por objetivo comprender, entre otras cuestiones relativas al cruce entre juventud y procesos educativos, los factores que influyen en el reconocimiento de las figuras de autoridad en el ambiente educacional en la contemporaneidad. A tal fin, se realizó una investigación de campo que consistió en la aplicación de una encuesta a jóvenes de enseñanza media en seis escuelas de dos países distintos: Argentina y Brasil.

La contemporaneidad, momento en el cual se ubican los sujetos de esta investigación, es referenciada como un escenario marcado por intensos cambios, intensificados por la crisis de sentido y el énfasis en la flexibilidad y en la vivencia del tiempo presente; un tiempo donde los cambios relacionales tienen por base una insuficiente marcación de los roles sociales. El descentramiento del sujeto y el hedonismo también son mirados como características que afectan sobremanera las dimensiones éticas y el carácter político de acción de los sujetos y de las instituciones.

Así, en este escenario, la representación de autoridad para los jóvenes investigados en el campo educacional queda reducida, por un lado, a una cuestión de poder y dominación, y por otro -donde encuentra mayor expresión-, a características y acciones puntuales del adulto hacia una postura que denota respeto, habilidad de manejo, administración de justicia, compromiso con su rol y responsabilidad.

En la perspectiva metodológica, esta investigación se configuró como un estudio analítico-crítico de una muestra de jóvenes de enseñanza media sobre las representaciones relativas a las figuras de autoridad del ambiente educativo. Tal investigación se desarrolló en los años 2009 y 2010. Los instrumentos utilizados fueron las entrevistas en profundidad con los agentes sociales de las distintas escuelas y la técnica de grupo focal con los jóvenes que se presentaron voluntariamente. La muestra consistió en 358 jóvenes de edades entre 15 y 23 años, estudiantes de enseñanza media en escuelas públicas y privadas. Por lo tanto, a partir de los datos recogidos en el proceso de investigación, fue posible identificar las miradas de los jóvenes acerca de los distintos elementos que componen el proceso educativo, así como comprender que la autoridad, más allá de ser una referencia *per se*, es vista por el joven en el ámbito relacional, siendo que los factores relativos a su reconocimiento fueron mayoritariamente presentados como vinculados con los campos de la ética y de la alteridad.

El trabajo de campo
como desvelamiento e interpretación

De acuerdo con Azar & Silar (2006), al plantear una propuesta de investigación como un medio de contribución hacia posibles cambios en la realidad, es necesario tener en cuenta, como labor primordial, la delimitación de lo que se entienda por *investigación*, así como los sentidos, los significados y los efectos colaterales que todavía puedan repercutir en la vida personal del investigador. Pues según los autores, sea ella profunda, breve o prolongada, la tarea de investigación puede implicar un vertiginoso cambio "sobre su cosmovisión general, de un modo mucho más agudo de lo que generalmente se piensa" (p. 23).

Empecemos por buscar etimológicamente el significado del término *investigación*, que deriva del griego *aléthia*: desvelar un sentido, "un vestigio de algo que se supone verdadero y que ha quedado, en cierta medida, oculto en un determinado campo de saber" (ibíd.). Pero el significado etimológico responde apenas en parte a los cuestionamientos sobre la temática, ya que el impacto sufrido por la sociedad contemporánea –engendrado por los cambios– puso en marcha mutaciones de tal magnitud que se observan transformaciones radicales en los paradigmas político-económico y cultural, así como intensas modificaciones relativas a la religión y a la ciencia, demandando "una transformación del marco conceptual en virtud del cual son sorprendidos e interpretados estos cambios" (*op. cit.*: 25). De esta manera, es necesario tener en cuenta que en la contemporaneidad, la ciencia, así como todo, se encuentra en un momento crítico: el de reflexionar acerca de "*su misma razón de ser*" (ibíd.), donde los cuestionamientos sobre su carácter propio, o sea, su significado epistemológico, ocupan largos debates en la sociedad científica. Así, a pesar de la condición paroxística, la investigación sigue nutriendo a la ciencia, y para tal fin, demanda un método que permita acceder con veracidad a los datos: "Metodología, investigación y ciencia están íntimamente ligadas" (*op. cit.*: 41), si entendemos que la metodología auxilia a la investigación, al suministrar recursos que ayudan en la interpretación de los datos, de forma de engendrar posibles respuestas a los cuestionamientos. Es importante puntualizar que estos descubrimientos, expresos a partir de criterios específicos del campo científico, contribuyen también para la emancipación de la dependencia intelectual del investigador. Expuesto esto, pasemos a los puntos específicos relativos al proceso investigativo desarrollado en este trabajo.

1. Tipo de investigación

El presente trabajo representa un estudio analítico-crítico de una muestra de jóvenes de enseñanza secundaria de Goiania y Santa Fe en la actualidad, sobre las representaciones acerca de las figuras de autoridad elegidas como modelos de identificación. El método consiste en una discusión a la luz de la dialéctica propuesta por Hegel, en la cual los hechos son considerados en un eje psicológico, social, político y económico, posibilitando una interpretación dinámica de la realidad. Así, procedemos a una investigación de tipo exploratoria en la forma de estudio de caso, visto que, de acuerdo con Gil (1999), una investigación exploratoria visa proporcionar mayor familiaridad con el problema con vistas a tornarlo explícito o construir hipótesis.

En el presente trabajo se adoptaron las metodologías cualitativa y cuantitativa. Esta elección se dio por reconocer que la investigación cualitativa ofrece recursos para llegar a la profundidad de los fenómenos, ya que, de forma comprensiva, busca lo que subyace al fenómeno teniendo en cuenta su complejidad y sus particularidades. Si la investigación cuantitativa se aplica a la dimensión mensurable de la realidad, produciendo resultados pasibles de generalización y auxiliando en el planeamiento de acciones colectivas, nos pareció un importante aporte para la búsqueda de un mayor número de respuestas relativas a la temática investigada. Acerca de las particularidades vinculadas con las distintas estrategias metodológicas, Sautu *et al.* (2005) orientan: "Las investigaciones cualitativas [en general] enfatizan la discusión del paradigma y los principios que sustentan la posición metodológica"; y complementan: "Las investigaciones cuantitativas se centran en la teoría sustantiva del problema a investigar ya que de ahí se derivan las proposiciones o conceptos que luego serán incorporados al objetivo de la investigación" (p. 46).

1.1 Universo de análisis y muestra

La investigación se realizó en Brasil (Goiania, provincia de Goiás) y en Argentina (Santa Fe, provincia de Santa Fe) con énfasis en la participación de distintos actores sociales insertos en el ambiente escolar (alumnos, profesores, directores, coordinadores, psicopedagogos, personal técnico-administrativo) en cada una de las fases propuestas, contando con instrumentos distintos. Los actores fueron:
a) Alumnos: 358 en total
b) Equipo escolar: 18 sujetos en distintas funciones

1.2 Instrumentos

Los instrumentos utilizados fueron cuestionarios, entrevistas en profundidad y sesiones de grupo focal. Esos instrumentos fueron así definidos:

Instrumento 1: cuestionario cubriendo a 358 alumnos de enseñanza media de las seis escuelas escogidas.

Instrumento 2: entrevistas en profundidad con miembros de la comunidad educacional –en las funciones docente, técnico-administrativa, coordinación y dirección– de las seis escuelas elegidas, así como con los alumnos que se mostraron interesados en discutir la temática de la autoridad, a fines de definir los aspectos que deben ser profundizados. En esta fase también fue utilizado un cuestionario con aproximadamente siete puntos.

Instrumento 3: sesiones de grupo focal con los alumnos a quienes también fue aplicado el instrumento 2, a fines de explorar con más claridad y precisión la comprensión de los contenidos de los discursos y la posterior identificación de los factores que influyen en el reconocimiento de las figuras de autoridad en el ambiente educacional.

De acuerdo con Cannell & Kahn (1989), el cuestionario y las entrevistas son poderosos instrumentos de investigación social. El primero tiene como propósito principal "traducir los objetivos de la investigación en preguntas específicas cuyas propuestas proporcionarán los datos necesarios para comprobar las hipótesis", y más allá de esto, "indagar el área determinada por los objetivos de la investigación" (p. 321). Las entrevistas son adecuadas para reunir datos vinculados a la subjetividad de los sujetos, relativos a las actitudes y percepciones "que se hallan dentro del individuo y que sólo él puede comunicar" (Cannell & Kahn, 1989: 312). Padua (2000) también nos orienta sobre la preguntas que van a conformar tanto el cuestionario como la entrevista: "Deberán agruparse de modo de formar una unidad", bien como "estar ordenadas de modo tal que exista una progresión lógica", evitando así "provocar controversias" (p. 115).

En relación con la técnica de grupo focal, Petracci (2004) nos informa que esta ocupa un lugar destacado en el conjunto de las herramientas metodológicas de relevamiento asociadas a la investigación de carácter cualitativo, propiciando la exploración de un tema que cuenta con la interacción de los participantes en un ambiente específico: "El grupo focal es particularmente útil para explorar los conocimientos, las prácticas y las opiniones" (p. 77), así como investigar en profundidad "cómo y por qué el sujeto piensa como piensa" (Kitzinger, véase Petracci, 2004: 78). La autora también advierte sobre la necesidad de evaluar con rigor las cuestiones relativas a la cantidad de grupos, de sesiones, así como también su duración.

2. Descripción de los procedimientos

En la primera fase, procedemos a la aplicación del cuestionario, que cuenta con quince preguntas divididas en cuatro distintos bloques, con vistas a indagar sobre los singulares elementos que componen el proceso educativo, representados a partir de las diversas dimensiones de la investigación. Tales dimensiones corresponden a los datos personales y familiares de los jóvenes, sus creencias y prácticas religiosas, la educación recibida y la expectativa asociada a la importancia de la educación formal en el ámbito de la enseñanza media, y cuestiones relativas a la representación de la autoridad. La prueba piloto se dio en el mes de noviembre de 2008 en una escuela en la ciudad de Goiania, Brasil. Después de las debidas modificaciones propuestas en la aplicación inicial, se procedió a la aplicación de los cuestionarios a los 405 alumnos (siendo considerados para este trabajo 358 cuestionarios que contemplaban la franja de edad requerida). La aplicación del cuestionario fue realizada en las dos ciudades elegidas (dos países), y contó con una muestra de jóvenes de entre 15 y 23 años matriculados en uno de los grados de lo que se denomina "enseñanza secundaria" en cada uno de los países investigados: Brasil y Argentina. En la tabulación de los datos se consideró el total de respuestas válidas, desechando aquellas anuladas y sin responder, que en ningún caso superaron el 5% del total.

En la segunda fase procedemos a la aplicación de las entrevistas en profundidad para profesores, directores, coordinadores y personal técnico-administrativo en las distintas escuelas investigadas. El proceso de selección de esta muestra tuvo una doble definición: a los directores y coordinadores les fue solicitada su participación como de carácter fundamental, y la participación de los profesores, del personal de apoyo pedagógico y técnico administrativo se dio por adhesión, no contemplando así la totalidad de trabajadores de las escuelas elegidas. Es importante remarcar que las escuelas fueron seleccionadas teniendo en cuenta su ubicación geográfica y el régimen de gestión: oficial o de orientación religiosa.

En la tercera y última fase, procedemos a la realización de las sesiones de grupos focales con los alumnos que se mostraron interesados en discutir los distintos elementos que componen el proceso educativo y, más fuertemente, la temática de la autoridad en el ambiente educacional. Se realizaron en total cuatro sesiones de veinte minutos aproximadamente, respetando el criterio de una cantidad máxima de nueve y mínima de seis alumnos por grupo. Apenas en dos de las escuelas el procedimiento no ocurrió de acuerdo con lo previsto. En la escuela 3, los alumnos propusieron que trabajásemos en el intervalo entre las clases (recreo), ya que tendrían un taller importante aquel día específico. Como se presentaban motivados a participar de la charla, acepté las condiciones y hablamos por aproximadamente veinte minutos con un grupo de seis estudiantes. En la escuela 5, como la participación era solicitada en carácter voluntario, los jóvenes de dos de las clases en las cuales fue aplicado el cuestionario no se interesaron en participar "de un momento de discusión sobre la temática de la autoridad", a pesar de haber respondido positivamente durante la aplicación del cuestionario. De esta manera, sugerí que podíamos hablar en el patio, "sin compromiso" y sin grabación. De esta manera fue posible representar los dos grupos, por la vía de sus discursos, en la investigación de molde cualitativo.

2.1 Discusión acerca de los procedimientos realizados en las tres fases de la investigación de campo

La observación en las escuelas elegidas para la aplicación de los cuestionarios con los jóvenes se dio durante el mes de marzo (Argentina) y abril (Brasil), seguida de la realización de las entrevistas con directores, profesores, coordinadores y un miembro del personal técnico y administrativo de la escuela. Los procedimientos de aproximación a la escuela, las estrategias de negociación, los obstáculos observados, así como la evaluación subjetiva sobre el movimiento de los actores sociales hacia la aplicación del primer instrumento de investigación pueden ser así descritos:

Contacto, estrategias de negociación, disponibilidad e interés observados en la aplicación del instrumento relativo a la fase 1 de la investigación realizada en la escuela 1

En la primera escuela investigada en Argentina (aquí denominada escuela 1) estuve tres veces, a fines de presentar el proyecto de investigación y solicitar la autorización para realizar los procedimientos. Esta escuela fue elegida por tener una orientación religiosa como marca de identidad. La directora de la escuela demostró solicitud y disponibilidad, y además de hacer una serie de preguntas relativas a la naturaleza del trabajo con los estudiantes, demostró estar atenta a los procedimientos y solicitó una copia del cuestionario para presentarla en una reunión con el grupo pedagógico, con antecedencia de veinte días a su aplicación. Durante todo el mes de marzo estuve en la escuela para observar las actividades en cada una de las clases en las cuales sería aplicado el instrumento, como también en el intervalo entre las clases.

El cuestionario, que fue aprobado por unanimidad en la reunión del equipo escolar, fue aplicado entre los días 18 y 27 del referido mes, contando con la presencia de uno o dos profesores que permanecieron en clase durante todo el período de realización de los cuestionarios, que se dio de forma tranquila en las cinco clases. Los alumnos se mostraron interesados en responder, haciendo muchas preguntas sobre el trabajo y sobre mi vida académica; también hablaron de fútbol y de los jugadores brasileños de mayor fama.

Discusión acerca de la realización del procedimiento relativo a la fase 2: entrevistas en profundidad

Las entrevistas con los actores del campo educativo tuvieron lugar dos semanas después y de forma un tanto más difícil –en función de la escasez de tiempo disponible–, pero ocurrieron de manera tranquila. Hablé con la directora en tres distintos momentos, y ella se mostró interesada y disponible todo el tiempo.

Motivación e intensidad de la presencia en la actividad propuesta

En los momentos en que estuve en la escuela pude observar el devoto interés de la directora por las cuestiones relativas tanto al trabajo administrativo, como a las que involucraban alguna eventual dificultad de los profesores. Ella trataba personalmente la resolución de asuntos vinculados con algún problema discente. Comentó sobre las distintas dificultades de su tarea en la gestión de la escuela, siempre poniendo acento en su responsabilidad y su compromiso con el grupo. En una de las entrevistas, lloró al hablar de la satisfacción que siente en el trabajo que lleva a cabo.

La realización de las entrevistas con los docentes se dio en la sala de los profesores, ya que muchos no tenían tiempo para hablar conmigo en otro momento. Entrevisté también a un funcionario técnico-administrativo y a una funcionaria responsable por los servicios generales, en dos días distintos; se mostraron disponibles y amables.

Lo que pude observar es que hay un discurso muy similar de los actores de esta escuela. En general, se sienten bien con la realización del trabajo, en la convivencia con sus pares, con los alumnos, así como con la dirección. Los espacios de convivencia de los cuales pude participar me suministraron recursos para concluir que el grupo trabaja en un ambiente sano y productivo. Al término del trabajo en la escuela, el grupo se mostró interesado en conocer los resultados de la investigación en su conjunto, proponiendo un momento de discusión posterior a la presentación de los datos recogidos en la investigación.

Discusión acerca de la realización del procedimiento relativo a la fase 3: sesión de grupo focal

Los jóvenes de esta escuela, además de intensos momentos de charla en el horario de recreo de las clases, no se interesaron de inmediato en participar de la sesión de grupo focal. Percibí que a pesar de haber explicado el motivo de la aplicación de la técnica, como también el tiempo medio de duración de cada sesión, los jóvenes se mostraron aburridos. Después de la intervención de la directora, un grupo de cinco alumnos se dispuso a participar. La sesión se dio en una clase vacía y pudimos hablar por aproximadamente veinte minutos.

Motivación, obstáculos, calidad e intensidad de la presencia en el grupo

Además de haber sido "convocados" por la directora, la charla se dio en un clima de motivación y relajamiento. Los jóvenes hablaron sobre las figuras de autoridad que son parte de su cotidianeidad, y citaron principalmente a los padres y los educadores. Comentaron la postura de algunos profesores, cuya falta de manejo o a veces de flexibilidad obstaculiza el proceso de aprendizaje. Hablaron sobre la importancia del respeto en todos los ámbitos de relacionamiento, y suministraron un dato un tanto raro: informaron que prefieren a los profesores mayores, ya que los más jóvenes, según ellos, no presentan cualidades suficientes a fines de merecer ser considerados una figura de autoridad. Entre estas cualidades citaron conocimiento, capacidad de manejo y control emocional.

Preguntados sobre cuál sería la edad ideal, informaron, en consenso, que deberían tener alrededor de treinta años. Comenté con ellos que tenía 42 años, y que entonces sería una anciana... Se rieron mucho y los jóvenes indicaron que a partir de los treinta es ideal, y que yo estaría muy bien en la casa de los cuatro (y reímos mucho). Los jóvenes destacaron que consideran muy importante tener una jerarquía en la escuela, porque se sienten más seguros sabiendo que hay alguien que responda por un rol específico relativo a su función. Desaprobaron también la actitud de rechazo a la autoridad, ya que creen que los jóvenes que no respetan la autoridad de los mayores no tuvieron orientación en su hogar o ven en una actitud de "reacción contraria" una forma de llevarse bien con sus pares.

La charla se dio por finalizada en función del toque del timbre, que avisaba que iniciaba una clase importante para ellos. Todos agradecieron el momento proporcionado, preguntando si yo volvería a la escuela otra vez.

Contacto, estrategias de negociación, disponibilidad e interés observados en la aplicación del instrumento relativo a la fase 1 de la investigación realizada en la escuela 2

En la segunda escuela investigada en Argentina (aquí denominada escuela 2), la presentación del proyecto de investigación para el director fue hecha por la vía de la indicación de la directora de la escuela 1, que se dispuso a llevarme a esta escuela y presentarme a la directora, que pronto me atendió. Puso a mi disposición a tres maestros a fines de acompañarme durante la observación y aplicación de cuestionarios. El cuestionario fue entregado junto con la solicitud de autorización para la aplicación de la investigación, en el primer día de visita a la escuela, y también fue igualmente aprobado por los profesores encargados de acompañarme en la aplicación. Esta escuela fue elegida en función de ser oficial, así como también por el hecho de ser considerada una escuela de media complejidad, dadas las condiciones socioculturales y económicas de los alumnos. La observación se dio a lo largo de cinco días en la primera semana de abril, y la aplicación de los cuestionarios fue tranquila, con tres clases investigadas.

Discusión acerca de la realización del procedimiento relativo a la fase 2: entrevistas en profundidad

La entrevista con la directora, así como con dos profesores, se dio en el mismo día, pero en espacios distintos. Con la directora hablé aproximadamente treinta minutos en su sala, y los asuntos circularon entre dificultades en el cumplimiento del rol educativo, particularidades del público atendido en la escuela, los cambios en la familia y en la metodología de trabajo, así como también sobre la burocracia que preside el trabajo ministerial. Con una de las profesoras hablé en la sala de profesores, aprovechando el tiempo de intervalos de las clases, y con la otra, hablé después de la sesión de grupo focal, en la clase donde trabajaba una dinámica con los alumnos.

Motivación e intensidad de la presencia en la actividad propuesta

La directora fue muy gentil, a pesar de la cantidad de tareas que aún tenía que terminar en la mañana. Trabajaba junto a una tutora, intentando buscar a los padres de un alumno que presentaba problemas de disciplina. Se mostraba preocupada, ya que al hablar con los padres del alumno en una charla anterior, había sugerido que buscasen a un psicólogo a fines de ayudarlos a comprender la singularidad del hijo, y buscasen juntos una salida para su dificultad en mantenerse en las clases. A lo largo de toda la entrevista pude observar que, además de las dificultades, buscaba una salida para el trabajo con los jóvenes, ya que se ocupaba de hacer un trabajo "que los alcance, porque a mí me alarman las cuestiones que los alumnos traen de su hogar... los chicos llegan a la escuela con referencias muy borradas". Pude observar que a cada pregunta respondida había aun algunos varios cuestionamientos que se hacía a sí misma, relativos a su rol, y esto me pareció muy responsable.

En la charla con la primera profesora, ella se mostró un tanto desesperanzada: "Yo me siento cansada... el trabajo docente es muy desgastante y... la escuela ha cambiado mucho". Dijo que trabajaba en tres escuelas distintas y que cambió de una de ellas por la gran cantidad de alumnos que tenía, ya que "con esta población, trabajar con clases grandes es imposible". Al final se despidió diciendo que "enfrentaría un grupo difícil en la próxima clase".

Con la segunda profesora estuve dos veces, la segunda fue cuando se realizó la aplicación de la sesión de grupo focal, y se mostró dedicada a su hacer docente, buscando maneras de trabajar con los chicos a fines de que ellos tengan placer en las tareas, porque "creo que se puede enseñar y aprender con placer, con entusiasmo". Además, mostró su preocupación por la deserción escolar: "De cuarenta alumnos en el primer año quedan once en el quinto... este es un dato que me preocupa... de un mar de alumnos... se quedaron solo once... esto habla de cuestiones como la aceptación de las reglas, de la cuestión de la autoridad, de la incapacidad de compartir un espacio de aprendizaje colectivo... pero también habla de nuestra incapacidad de manejarnos con parte de esta población... hay hábitos que no hemos logrado alcanzar... o sea... veo mezclados estos aspectos... hay más de un lado en esta cuestión".

Discusión acerca de la realización del procedimiento relativo a la fase 3: sesión de grupo focal

La sesión de grupo focal en esta escuela ha sido distinta: fui juntamente con la directora a invitar a los alumnos que se interesasen a charlar "sobre la temática de la autoridad", informando que trabajaríamos cerca de veinte minutos y que la participación era voluntaria.

La profesora me invitó a participar de una dinámica que hacía con los alumnos, con vistas a "trabajar la imaginación y el encuentro con el otro, ya que el alumno necesitaba descubrir la persona dotada de las características que le presentaba el grupo". Ella propuso que, después de terminar la dinámica, participasen conjuntamente de la charla conmigo, lo que fue aceptado por todos.

Motivación, obstáculos, calidad e intensidad de la presencia en el grupo

Percibí que los jóvenes se mostraban interesados en la dinámica propuesta por la profesora y muy atentos a los discursos de los compañeros. Ellos estaban participando intensamente de la actividad, cada uno dispuesto a su manera: arriba de la mesa, tomando mate, con los pies en la silla, y esto no fue un impeditivo para que la actividad pudiera fluir. Todos reían y se mostraban interesados en el habla de otro.

Así que cuando dieron por terminada la actividad, empezamos a charlar con el grupo de ocho alumnos sobre los distintos elementos que componen el proceso educativo; también propusimos discusiones acerca de la temática de la autoridad, y ellos se mantuvieron con el mismo entusiasmo. Informaron que se sienten cómodos en la escuela y que les gusta la manera como trabajan. Que sienten mucho que amigos abandonaran la escuela "por cuestiones de trabajo... o para terminar más rápido... porque lo hacen en dos años la secundaria y se van a trabajar... a veces necesitan empezar a trabajar rápido". Comentaron sobre el hecho de que les gusta estar en la escuela, a pesar de las dificultades de orden material, "porque no hay elegidos... aquí son todos iguales".

Los alumnos, al final, se despidieron con un beso, preguntando si volvería en otros momentos.

Contacto, estrategias de negociación, disponibilidad e interés observados en la aplicación del instrumento relativo a la fase 1 de la investigación realizada en la escuela 3

En la tercera escuela investigada (llamada aquí escuela 3), fui presentada a la directora por una de las profesoras con la cual trabajé la aplicación del cuestionario en la escuela 1, quien sugirió una visita a esta escuela debido a sus características particulares: una escuela provincial, de bellas artes, donde los estudiantes fueron seleccionados previamente y se mostraban muy motivados. Las clases eran en promedio de veinte estudiantes; los maestros también se presentaban motivados y comprometidos a trabajar con ellos. La directora recibió en el primer día de la visita escolar la solicitud de autorización para la realización del estudio y se mostró interesada, aunque me entrevistó en un período no inferior a treinta minutos, solicitando informaciones variadas sobre mi proyecto de investigación. Entregué, juntamente con la solicitud de autorización, una copia del cuestionario, que analizó de inmediato, sugiriendo cambios en la tercera cuestión (la relativa a la religión), que fue considerada pronto y debidamente cambiada para su posterior aplicación. El modelo de cuestionario, corregido y con copias nuevas, fue aplicado en una clase de cuarto año de la referida escuela bajo la supervisión de una profesora. El período de observación en la escuela fue de tres días –en la segunda semana de abril–, y la aplicación de los cuestionarios se llevó a cabo pacíficamente.

Discusión acerca de la realización del procedimiento relativo a la fase 2: entrevistas en profundidad

En esta escuela fueron entrevistadas la directora y una profesora que tenía un intervalo en su horario de trabajo.

La profesora habló aproximadamente cuarenta minutos y se mostró muy contenta por trabajar en la escuela, especialmente por su perfil democrático y tranquilo. Demostró que consideraba fundamental la calificación profesional y comentó con tranquilidad los temas relativos a la cuestión de la autoridad en la escuela, así como su relación con los jóvenes alumnos. Se ofreció a ayudarme en cualquier cosa que necesitase, y al final, agradeció la posibilidad de utilizar su tiempo de forma tan agradable. Demostró interés en conocer los resultados de la investigación en un momento posterior, invitándome también a venir más veces a la escuela.

La directora me recibió muy bien desde el primer día en que estuve en la escuela, y mostrándose interesada por el tema, hizo muchas preguntas en cuanto al modelo de investigación y al marco teórico con el cual iría a trabajar. La entrevista con ella se dio en un tiempo aproximado de treinta minutos, donde pudimos hablar sobre distintas temáticas. En el momento de despedirme, agradeció mi presencia y se mostró interesada en conocer los resultados de la investigación.

Motivación e intensidad de la presencia en la actividad propuesta

En la entrevista con la profesora me impresionó la cantidad de conocimiento que detenía en su área de actuación; habló sobre su placer por viajar y traer cosas nuevas para discutir y trabajar con los alumnos. Discutió con propiedad las cuestiones relativas a la autoridad y su vivencia en la escuela, y se mostró contenta en poder trabajar de manera tranquila con los alumnos: "Creo que aquí se aplica el sentido de autoridad legítima que es reforzado por el carácter democrático con el cual la escuela trabaja, donde se respetan los derechos de todos, la participación, el diálogo, el consenso y también, muy fuertemente, la afectividad".

Habló de la responsabilidad en el hacer educativo, de la buena relación que tiene el grupo de profesores que componen el cuadro docente de la escuela, así como también de las distintas visiones de los jóvenes sobre la violencia, informando que, a su modo de ver, los comportamientos violentos, en el ámbito de la institución de enseñanza, se manifiestan en las obras que hacen en el taller, y que su realización es, de alguna manera, también catártica. A lo largo de la entrevista se pudo observar la intensidad de su presencia en la actividad, comentando los asuntos con entusiasmo y siempre preguntando si quedaban claras sus afirmaciones, si yo había comprendido bien; se puso a disposición mía para charlas posteriores. Al final de la entrevista, me invitó a ir a un recital de piano en el Teatro Municipal y se dispuso a ser mi guía en los museos de historia de la ciudad.

En la entrevista con la directora, ella demostró disponibilidad e interés en la actividad, así como mostró tener mucho conocimiento y compromiso en su hacer pedagógico: una especie de cultura general tallada a lo largo de los años, que terminó por conferirle un aura de autoridad que se compone de su postura corporal, su tono de voz, su manera de exponer sus ideas, y principalmente, la cantidad de conocimiento que tiene en su área de actuación. La manera serena y responsable con la cual trata las cuestiones educativas relativas a su rol directivo hace que se cree un ambiente de seguridad hasta para nosotros, que participamos del espacio de la escuela por un tiempo determinado.

Pude observar, a partir de su exposición, que su lucha como directora de una escuela de artes es principalmente una lucha por desmitificar el espacio relativo al arte en el imaginario de la gente: "Hay en el imaginario social una polaridad entre la autoridad, o ciertos principios de orden, y la supuesta, absoluta libertad del campo del arte... es como que la tarea artística es una tarea que no tiene parámetros, no tiene orden, ni pauta... yo creo que eso es una especie de prejuicio...".

En todo el recorrido de la entrevista pude percibir que la directora tiene una visión muy amplia, diría dialéctica, de las cuestiones o los aspectos que involucran el ambiente escolar, y trabajando temáticas como autoritarismo, rol del adulto, distintos prejuicios y posturas equivocadas en los diferentes espacios sociales, hizo una lectura muy sensata, demostrando ver con claridad las distintas variables que interfieren en las cuestiones que involucran al ambiente educacional que preside.

Su postura y su discurso fueron confirmados por los distintos docentes con los cuales charlé en la sala de profesores, así como también por los discursos de los alumnos, ratificando una praxis de carácter verdadero, comprometido y efectivo. La comunidad educacional en esta escuela parece sentirse bien, dados los aportes de respeto, libertad de expresión, justicia y seguridad de que disponen.

Discusión acerca de la realización del procedimiento relativo a la fase 3: sesión de grupo focal

En esta escuela, como fue comentado anteriormente, los alumnos propusieron que trabajásemos en el intervalo entre las clases (recreo) ya que tendrían un taller importante en aquel día específico. Como se presentaban motivados a participar de la charla, acepté las condiciones y hablamos aproximadamente quince minutos con un grupo de seis estudiantes.

Motivación, obstáculos, calidad e intensidad de la presencia en el grupo

Los jóvenes se mostraron interesados en la discusión sobre la temática de la juventud, y además del comentario de que no tratan específicamente el término autoridad sino el término respeto en la escuela, demostraron sentir mucha seguridad en el ambiente escolar. Informaron que reconocen la legitimidad del régimen de convivencia propuesto en la escuela, así como consideran importantes los valores y referenciales pregonados por los distintos actores de la comunidad escolar: "Una persona, para tener autoridad, tiene que ser un buen ejemplo, ser recto y verdadero".

En la charla, no marcaron con claridad la cuestión de la jerarquía como una condición relativa a una figura de autoridad, sino como un sello de poder que no perciben en el comportamiento de los profesores. "Nosotros respetamos al profesor porque él tiene conocimiento, tiene algo que decir... y también porque nos respeta".

En ningún momento los alumnos se mostraron aburridos o desinteresados en la discusión. Al final del intervalo, nos despedimos y algunos de ellos se aproximaron y me besaron, deseando suerte en el trabajo de escritura de la Tesis.

Contacto, estrategias de negociación, disponibilidad e interés observados en la aplicación del instrumento relativo a la fase 1 de la investigación realizada en la escuela 4

En la primera escuela investigada en Brasil (llamada aquí escuela 4), el proceso de negociación se dio en octubre de 2008. Fueron hechas cuatro visitas a la escuela, donde se trató de presentar el proyecto de investigación, solicitando permiso para ponerlo en práctica allí. La directora se mostró atenta, sin embargo, no presentó interés en el contenido ni en el propósito de la investigación. En la tercera semana de abril regresé a la escuela y realicé la presentación de los documentos que fueron vistos con rapidez. No fueron hechos cuestionamientos ni los cuestionarios leídos previamente a su aplicación.

El proceso de observación se dio de manera tranquila, sin la supervisión de los profesores, y la aplicación de los cuestionarios se realizó en presencia de los profesores en la clase, que se presentaron interesados y disponibles. Los estudiantes respondieron al cuestionario sin mucho entusiasmo, pero no opusieron resistencia. Fui llevada a la clase por una supervisora que se mostró interesada en los resultados de la investigación. Los cuestionarios fueron aplicados en tres clases (primero, segundo y tercer grados), y en el primer grado, una profesora que acompañaba el proceso hasta la presentación de los temas cuestionó su contenido, y aconsejó a los estudiantes no poner notas muy bajas en la evaluación física de la escuela. Percibí un cierto desprecio en cuanto a la atención relativa al contenido de la investigación, pues el cuestionario siquiera fue leído antes de su aplicación.

Discusión acerca de la realización del procedimiento relativo a la fase 2: entrevistas en profundidad

Las entrevistas en esta escuela fueron realizadas con la directora y con una profesora que habló conmigo por un período no superior a veinte minutos, pues tenía clases en otra escuela.

La entrevista con la directora se dio por un período de igualmente veinte minutos, ya que tenía algunas cuestiones que resolver con la coordinadora pedagógica de la secundaria.

Motivación e intensidad de la presencia en la actividad propuesta

En la entrevista con la profesora pude observar su desgaste en la función docente. Luego del inicio se mostró preocupada con los rumbos de la educación en el país, con la precarización del trabajo docente, con las dificultades en el relacionamiento con los jóvenes que no tenían más "aquella reverencia que antes se tenía con los profesores". Se mostró desesperanzada en cuanto a las políticas de educación e informó que los cambios en las familias interfirieron mucho en el funcionamiento de la escuela. La profesora también habló sobre la mala calidad de los programas de capacitación docente y de la dificultad que encuentra un profesor hasta para comprar libros e informarse mejor de los trabajos en su área de actuación. Comentó sobre la dificultad de trabajar los contenidos con los jóvenes que parecen no interesarse por "nada que la escuela ofrezca, sino por la relación con los amigos", afirmando que la escuela ha sido más un espacio de socialización para el joven que un espacio de transmisión de saberes. Cerró la entrevista disculpándose por la falta de tiempo y se fue.

La entrevista con la directora de la escuela se dio en medio de tres distintas interferencias relativas a "problemas disciplinares" de los alumnos. En su discurso pude observar una lectura muy reducida del contexto escolar, ya que no pude percibir la tentativa de hacer ligaciones del escenario escolar con la coyuntura sociopolítica, económica y cultural del país, y tampoco de América Latina como un todo.

La gestora de la escuela demostró mirar la cuestión de la juventud como un "problema generalizado" que repercute en la escuela, pero no supo explicar cuál es el lugar del adulto frente a estos problemas. Además de decir que considera que las "reglas están para ser cumplidas", cree que los alumnos, en general, son buenos, y que la violencia se manifiesta "en algunas situaciones" en el interior de la escuela, pero cree que es muy distinta de lo que existe "afuera" porque no sabe en qué (algunos alumnos) "están metidos en la calle" ya que tiene una gran cantidad de matriculados.

En cuanto a la cuestión de la planificación de un régimen de convivencia, dijo creer que podría ser una posibilidad, ya que de ahí los alumnos podrían "obedecer más". Mostró incluso creer en la fuerza del profesor para mantener las clases en orden, ya que tenía recursos para tal, siendo las notas un importante referente en la manutención de la disciplina.

La entrevista finalizó con una importante información: "La gente que no está en el ambiente escolar quiere que todo acá sea perfecto, pero la realidad de aquí solo la conoce quien la vive", de ahí justificar que la "democracia tiene límites y no siempre una actitud más severa es señal de autoritarismo".

Discusión acerca de la realización del procedimiento relativo a la fase 3: sesión de grupo focal

En total, siete alumnos participaron de la sesión de grupo focal en la escuela, que se dio en un espacio vacío del patio de recreo de la escuela. Ellos fueron convocados por la supervisora en una de las clases donde los alumnos esperaban la llegada del profesor de la disciplina, que estaba retrasado.

Motivación, obstáculos, calidad e intensidad de la presencia en el grupo

Los alumnos se mostraron interesados en participar de la charla porque no tendrían "nada que perder en la clase...". Comentaron sobre las dificultades de la escuela, las malas condiciones del espacio físico, la falta frecuente de profesores, de su evidente descalificación para la función que ocupan: "Siempre o saltean la clase, o encuentran un sustituto para el día, es un lío... los chicos aprovechan que el profesor es nuevo y comienzan a burlarse... hay profesor que hasta llora...".

Los alumnos comentaron sobre la dificultad de organización de la reglas de convivencia en el interior de la escuela, mostrándose preocupados en cuanto a su seguridad física, y también a su futuro académico, ya que una "escuela mala nos caga a todos...".

Por las expresiones de los alumnos, se puede percibir que la escuela es para ellos más un espacio de sufrimiento que un espacio de placer, y que muchas cosas necesitarían cambiar allí para que pudiera realmente observarse como un lugar en el cual pudiesen planificar un proyecto de vida a partir de los conocimientos aportados. Después de hablar casi cuarenta minutos –me pareció que necesitaban de este espacio para compartir sus opiniones–, la sesión terminó agradeciéndoles, diciéndoles que se despidieran rápidamente y se dispersaron.

Contacto, estrategias de negociación, disponibilidad e interés observados en la aplicación del instrumento relativo a la fase 1 de la investigación realizada en la escuela 5

En la segunda escuela investigada en Brasil (en este caso llamada escuela 5), una escuela religiosa con convenios con la provincia, solicité una entrevista con la directora en la primera quincena del mes de abril para presentar la documentación relativa a la investigación. Ella me envió a la coordinadora, ya que estuvo muy ocupada con la documentación que se remitiría al secretario de educación. La coordinadora, a su vez, me recibió, fue amable, y muy pronto me encaminó a las clases. La observación no pudo ser hecha en las clases, apenas la aplicación del cuestionario. En la puerta de la primera clase a la cual la coordinadora me encaminó, ella le pidió permiso al maestro para que yo pudiera aplicar una "prueba" a los estudiantes.

Esta frase causó irritación a la mayoría de los estudiantes por la presencia de un extraño con una actividad que no se explicó anteriormente. El profesor "aprovechó" el tiempo que estuve en la clase con los estudiantes y salió. La aplicación del cuestionario fue difícil, y aunque haya explicado a los alumnos el contenido de la investigación, encontré resistencia en la participación. En la segunda clase investigada, los estudiantes se quedaron sin profesores y el desorden era generalizado. Se necesitó mucho esfuerzo para la aplicación del cuestionario, y la coordinadora, a través de gritos, intentó imponer disciplina en el recinto. La aplicación no se completó como se esperaba. En la tercera clase, tampoco pude contar con la presencia del profesor, pero después de la explicación a los alumnos (del proyecto de investigación) la labor fue posible, sin grandes incidentes.

Discusión acerca de la realización del procedimiento relativo a la fase 2: entrevistas en profundidad

En esta escuela, por el grado de complejidad observado, fueron entrevistadas la directora y la coordinadora. También charlé con cuatro docentes en la sala de profesores, en distintos momentos en los cuales estuve en la escuela.

La entrevista con la directora duró alrededor de treinta minutos y se dio de manera tranquila, más allá de que el teléfono fue un obstáculo, ya que ella "necesitaba atenderlo, pues estaba alquilando el auditorio de la escuela para recaudar recursos".

En la entrevista con la coordinadora, ella solicitó que no fuese grabada, que yo anotase su discurso y "pudiera construir un informe a partir de su habla personal". En el momento de la entrevista, había otra coordinadora a quien ella siempre solicitaba confirmación: "Ahí está la otra coordinadora que puede confirmar lo que digo...". Nos quedamos en el mismo espacio por aproximadamente treinta minutos, y la coordinadora respondió a mis preguntas llenando un diario de clases: "Nosotros aquí hacemos varias cosas al mismo tiempo, esto es una ventaja", completó riéndose.

Motivación e intensidad de la presencia en la actividad propuesta

En los distintos momentos en los cuales hablé con la coordinadora pude percibir que, más allá de las dificultades que presenta la escuela en la cual trabaja, no me pareció melancólica. Parecía haber encontrado una estrategia para "vencer el día y quedarse bien, aquí hacemos lo posible...".

La coordinadora habló de los cambios en el mundo de hoy, de las dificultades en el trabajo educativo, de la "impotencia" de la escuela debido a las intervenciones externas, de la dificultad en "imponer" reglas a los alumnos, de la precarización del trabajo docente. Pero habló de todo como un fenómeno extrínseco a su subjetividad, esto es, sin pasión o indignación.

Tejió algunos comentarios interesantes, como por ejemplo, el que trata de la metodología de trabajo con los alumnos. En este asunto, ella me informó que hay que ser firme, ya que los jóvenes "solo respetan por la vía del grito", y que en esta cuestión, "los profesores varones tienen más oportunidad de llegar al perfecto dominio de clase". Dijo también que las parcas inversiones estatales en el campo de la educación trabajan por inviabilizar la escuela pública, ya tan penalizada por tantas carencias.

Finalizamos la entrevista con mi invitación para conocer el resultado final de mi trabajo de Tesis, y ella se mostró desmotivada, informando: "Creo que será bueno que traigas tu trabajo para presentarnos... pero no sé si va ayudar a conocer más a fondo los problemas de la escuela... tienen que cambiar muchas cosas para que la escuela cambie... la escuela no tiene la fuerza para cambiar sola... o con la voluntad de algunos... pero sí, traiga, yo quiero ver...".

La entrevista con la directora se dio en su sala, donde pudimos hablar sobre cuestiones relativas a las reglas de organización y convivencia en la escuela, de la condición docente, de la juventud como población mayoritariamente atendida en la escuela que dirige y sobre las simientes del oficio educativo.

La directora de esta institución me pareció muy aislada de las propuestas educativas con vistas a ver la escuela bajo una lectura más profunda y articulada de los fenómenos sociales. Me pareció que ella tenía una visión ingenua y muy reducida sobre las posibles "salidas" de esta condición paroxística en la cual se encuentra la educación. Para ella, los problemas de la escuela se resumen a la falta de clases motivadoras, imponiendo al profesor el sacrificio de Sísifo, y banalizando así una posibilidad de mirada más profunda acerca de las condiciones del trabajo pedagógico en la contemporaneidad en los países en desarrollo.

Una de sus expresiones es tácita y marca su lectura acerca de las dificultades de la escuela: "Lo difícil creo que es que el profesor se comprometa con la escuela... porque si el maestro asume la responsabilidad... ahí, en la escuela, todo fluye lindo... solo esto es lo que falta... porque a veces, uno deja de desear... porque si el profesor es parte del equipo de la escuela, ellos trabajan bien con los chicos, entonces la escuela no tiene ningún problema... Me refiero a eso con ellos... *está en sus manos el funcionamiento de la escuela*... porque el maestro... ello cambia la cabeza de millones de estudiantes, cambia mismo... *es solo lo que falta...*".

En las charlas con los profesores, la discusión giraba alrededor de su "impotencia", así como de la dificultad de manejar sus clases a raíz del cambio del valor dado al conocimiento en la actualidad. Presentaron algunas de sus estrategias de supervivencia, así como también las adversidades de la función docente, dada la falta de recursos: "Tenemos muy poca autonomía... trabajamos con pocos recursos y en aulas muy llenas... estamos insistiendo en la pizarra y los estudiantes ya están en el iPod... no hay quien sea capaz de realizar un buen trabajo en estas condiciones...".

Por su discurso, pude observar que se sienten agotados y sin perspectiva, y hasta desacreditados en la posibilidad de construir un modelo de convivencia que sea justo, buscando atender a las necesidades subjetivas de la comunidad escolar. Un profesor dijo: "Si las escuelas adoptasen el estilo militar... van a cambiar las cosas... porque el maestro no tiene voz... así que no resuelve quedarse luchando... llega, da su clase y se va... es así... creo que deberíamos recibir adicional de insalubridad... trabajo de alto riesgo...".

Los profesores se ríen de sí mismos y de la situación en la cual se encuentran, y dicen no tener ganas de cualificarse delante de este escenario. La charla termina al tocar el timbre. Ellos se despiden y se van.

Discusión acerca de la realización del procedimiento relativo a la fase 3: sesión de grupo focal

Los alumnos de esta escuela no se mostraron interesados en participar de la actividad de grupo focal, a pesar de haber manifestado interés en la actividad cuando se aplicó el cuestionario. Como tenía por definición que esta debería ser una actividad de carácter voluntario, me propuse charlar con ellos en el intervalo de las clases, sin utilizar el grabador. Un grupo de seis alumnos aceptó, más allá de la salida de dos de ellos en los primeros dos minutos de charla. Hablé con el grupo por un período no superior a quince minutos, ya que tendría que flexibilizar las reglas a fines de recoger sus discursos.

Motivación, obstáculos, calidad e intensidad de la presencia en el grupo

Los alumnos de esta escuela me parecieron trabajar en medio del caos. Demostraron no conocer con claridad las reglas de la escuela, así como también demostraron desprecio por las figuras directivas, por los profesores, por las clases y hasta por la actividad propuesta. Fue difícil trabajar con el grupo que, siendo pequeño, se mostró aislado. Los jóvenes hablaron de la cuestión de la autoridad como si fuera algo que no conocieran. En la encuesta, esta escuela presentó un mayor porcentual de respuestas nulas relativas a la pregunta "¿qué consideras autoridad?", y pude percibir en el comportamiento de los alumnos un fuerte componente del desprecio al otro, que se ve reflejado en la lectura que hacen de la comunidad educativa: "La directora, pobrecita... nos trata como niños... como si fuésemos niñitos [...] la coordinadora solo grita... la gente la escucha gritando al final del pasillo... ¿Quién la puede respetar? Las personas se callan en el momento y después queda todo igual...".

Los alumnos tampoco creen en la posibilidad de mejoría de las condiciones observadas –y vivenciadas– en la escuela: "¿Para mejorar? Solo si nos dejan beber unas... estudiar mismo... habría que cambiar mucha cosa... menos mal que está terminando...".

No sé si las respuestas ofrecidas son lo que piensan en realidad o también me contestaron con el desprecio que tienen por todos los investigadores o miembros de alguna institución que se ponen a intervenir en la realidad con vistas a "mejorarla". Sentí una fuerte incomodidad en esta escuela, y me costó mucho tener que volver. Fue un trabajo en que pude observar, en mi actuación, una fuerte carga de ansiedad, más allá de intentar controlarla a fines de llevar a cabo mi objetivo.

Contacto, estrategias de negociación, disponibilidad e interés observados en la aplicación del instrumento relativo a la fase 1 de la investigación realizada en la escuela 6

En la tercera escuela investigada en Brasil (llamada aquí escuela 6) hay una particularidad: varios cursos se ofrecen a los jóvenes, pero el espacio no se caracteriza como una escuela de educación formal. Los estudiantes encuestados forman parte de un grupo de *street dance* de la institución y también asisten a una escuela secundaria de enseñanza regular. En la entrevista con la coordinadora, ella solicitó una reunión con la presencia de los profesores de la institución, donde el cuestionario fue leído a fondo. También pidió que el proyecto integral fuera presentado, siendo ampliamente debatida la responsabilidad de la institución con relación a la aplicación de un instrumento de investigación, y al final todos se mostraron disponibles a participar, siempre que la aplicación de los cuestionarios no coincidieran con las actividades de los estudiantes.

El período de observación fue la primera semana de mayo, siendo que los cuestionarios quedaron a cargo de una coordinadora de las actividades de la casa en función de una gripe contraída por esta investigadora en la semana determinada para la aplicación del instrumento. Más allá de esta variable, todo ocurrió de manera tranquila. La coordinadora, en el momento de la entrega de los cuestionarios, hizo un amplio relato de todos los pasos de la aplicación, de la reacción de los jóvenes, así como del tiempo gastado para su realización, lo que demostró respeto por el trabajo propuesto.

Discusión acerca de la realización del procedimiento relativo a la fase 2: entrevistas en profundidad

En esta institución entrevisté apenas a la coordinadora, ya que estuve con el grupo responsable por las actividades con los jóvenes por más de tres veces y también pude hablar con ellos en los períodos de observación en la institución.

Motivación e intensidad de la presencia en la actividad propuesta

La coordinadora de la "*Casa da Juventude*" me pareció muy responsable y comprometida con su rol. Se mostró conocedora de las cuestiones que afectan a los jóvenes a quienes atiende y muy interesada en descubrir maneras de construir un espacio de convivencia saludable y crítico, a fines de romper con algunas carencias observadas en el entorno.

Hablamos cerca de treinta minutos, y después, en el café, por más treinta de manera informal. Pude percibir que su discurso no cambió con el uso del grabador y que sus ideas están muy bien cimentadas. Hablamos de las dificultades encontradas por los jóvenes de menor poder adquisitivo, de las carencias observadas en la escuela formal que terminan por obstaculizar un trabajo más efectivo con los jóvenes, hablamos también sobre su lectura acerca de los prejuicios relativos a las culturas juveniles, y hasta sobre el rol del Estado en lo que hace a la implementación de políticas públicas para la juventud.

Su discurso estuvo siempre en la dirección de una construcción compartida de valores y habilidades que puedan promover una mejoría en la calidad de vida de ellos. A lo largo de la charla, que se dio en el jardín, paraba a fines de saludar a jóvenes a los cuales llamaba por sus nombres. Demostró conocer su historia e interesarse en sus cuestiones, problemas y propuestas para el futuro: "Nosotros acá estamos ocupados fundamentalmente en trabajar la dimensión de la persona que hay en cada joven... es un proceso de formación integral... no es el sujeto fragmentado, sino su todo... nosotros queremos saber quién es este joven... de dónde viene... cuáles son sus referenciales...

y... a partir de las actividades de artes... o... específicas de capacitación... trabajar con él su proyecto de vida...".

En la institución se percibe un fuerte compromiso de cada uno de los actores, compromiso que se presenta en la organización de las pautas de acción, en la relación con los jóvenes, con los saberes y las metodologías con las cuales trabajar, así como en una inversión seria en la calificación de sus miembros. Es una institución que ve al joven como un sujeto de derechos y que invierte en su crecimiento profesional y cultural, respetando su subjetividad y sus distintas formas de ser y estar en el mundo.

Discusión acerca de la realización del procedimiento relativo a la fase 3: sesión de grupo focal

La charla con los jóvenes de la institución se dio un momento antes de iniciar las clases de inglés y *street dance*, y participaron en total seis jóvenes de distintos perfiles. Más allá de que esta institución no fue referenciada como una escuela de educación formal, los jóvenes hablaron tanto sobre cómo se sienten en la institución, como sobre las escuelas de educación formal que frecuentan, que denominamos en la presentación de los datos cualitativos "escuela X", "escuela Y" y "escuela Z", ya que consideramos importantes las informaciones que los jóvenes nos suministraron sobre sus realidades fuera de la institución. La charla duró aproximadamente veinte minutos, y al final, salieron dos antes de que nos despidiéramos, porque tenían "algunas cosas para arreglar" antes del inicio de la clase.

Motivación, obstáculos, calidad e intensidad de la presencia en el grupo

Los jóvenes se mostraron tranquilos y amables en el momento en que estuvimos juntos, y tejieron muchos comentarios positivos sobre la institución, sobre cómo se sienten bien, sobre cómo todo anda, y además sobre el hecho de que todos los conocen por el nombre, cosa que hace una gran diferencia para ellos.

Hablaron también de las escuelas de educación formal que frecuentan, y ahí los comentarios cambiaron mucho: "Las clases en la escuela... hay días que son organizadas, hay días que no lo son... hay días que tenemos un profesor dentro del aula y la mitad de los alumnos está fuera del aula y la coordinadora no hace nada....". Comentaron sobre las dificultades que encuentran para desarrollar los estudios de la secundaria, de la falta de profesores, de las insuficientes inversiones gubernamentales en educación y hasta de cómo se sienten ante la insuficiente conciencia de su rol por parte de los profesores: "Hay profesores que dicen: 'no estoy ni ahí, no me lo van a descontar del sueldo mismo... dejá que hagan lío...', ahí nos quedamos con rabia... nos sentimos pequeños... da mucha rabia... porque no podemos hacer nada...".

Todo el tiempo en que estuvimos juntos, los alumnos hablaban de su indignación por la manera como andan las cosas en la escuela y sobre su indefinición en cuanto al futuro. Hecho que también fue comentado por la coordinadora de la casa.

Cerramos la charla y los alumnos se mostraron alegres por poder ir a las actividades que realizan en el espacio, diciendo que no les gusta "perder ni un minuto". Me pareció que están mucho más cerca de un buen futuro de lo que imaginan...

2.2 Las discusiones que atravesaron la problemática de la autoridad

Después de la presentación detallada de los procedimientos de aplicación de los instrumentos de investigación, que se dio con el objetivo de explicitar el modo en que el trabajo fue realizado y añadiendo observaciones personales de esta investigadora, trataremos de analizar e interpretar los testimonios de los sujetos investigados. El proceso de selección de los testimonios o fragmentos de discursos aquí presentados se dio por el criterio de cantidad de situaciones en las cuales fueron observados, conformando así bloques distintos de asuntos emergidos del material recolectado en el trabajo con los investigados.

El modo en que el material será examinado se dará por la siguiente orientación: inicialmente presentaremos los discursos de los sujetos sociales de la institución escolar (directores, coordinadores, profesores y jóvenes), y después trabajaremos algunos puntos nodales a la luz de la discusión teórica antes planteada, así como también utilizando los aportes de las investigaciones realizadas más recientemente acerca de la temática, siempre teniendo por norte el modelo de interpretación de base dialéctica.

3. Análisis e interpretación de los datos emergidos de la investigación cuantitativa

3.1 Metodología estadística

La muestra no probabilística por conveniencia fue compuesta por alumnos de enseñanza secundaria en Argentina y Brasil, y contó con un universo de 358 jóvenes investigados. De estos, 208 eran provenientes de escuelas brasileñas y 150 provenientes de escuelas argentinas. Es necesario puntualizar que los cuestionarios fueron aplicados en 198 estudiantes argentinos, pero con respecto a la franja de edad –arriba de quince años–, 48 cuestionarios no fueron computados en la muestra, quedando sus datos almacenados para un trabajo posterior (ver gráfico 1, anexo D).

3.2 Análisis descriptivo

El perfil de los jóvenes estudiantes es buscado en cuatro distintos bloques: 1) características del estudiante; 2) características de la familia; 3) datos educacionales; y 4) datos relativos a la cuestión de la autoridad.

En el primer bloque, en relación con la variable "sexo", se verifica en la muestra total que el 61% de los jóvenes investigados son de sexo masculino, siendo que la mayor contribución para este porcentual vino de las escuelas argentinas, donde el 68% de los jóvenes presentaron el mismo perfil relativo a esta variable (ver gráfico 2, anexo E).

Esto pudo ser explicado en función de que una de las escuelas investigadas tenía un público específico solo de varones hasta el año de 2008, siendo este el primer año en el cual se matricularon estudiantes del sexo femenino. Aún en carácter experimental, la matrícula de "chicas" no excede el 10% del total, de ahí la diferenciación de la muestra brasileña, que presentó un público femenino del 52% del total.

En relación con la variable edad, relativa a la cuestión 3 (ver tabla 1, anexo F) pudimos observar que, en promedio, la edad gira alrededor de entre 16 y 16,5 años, siendo la mayor dispersión observada entre los estudiantes brasileños, cuya amplitud total de la muestra es de nueve años.

En relación con la variable religión, relativa a la cuestión 4, observamos que la mayor representatividad es el catolicismo, con el 66,3%, siendo los estudiantes argentinos los que tuvieron mayor participación en este resultado, con un porcentual del 82,5%. La segunda mayor respuesta es correspondiente a la religión evangélica, donde los estudiantes brasileños presentaron el 26,7% de las respuestas (ver tabla 2, anexo F).

Por la vía de los datos emergidos en la cuestión 5, bloque 2 (gráfico 3, anexo G) pudimos observar que el grupo familiar se presenta como el marco de convivencia de los jóvenes tanto de Argentina como de Brasil, siendo que el 83,6% de los encuestados respondió que vive con sus padres o con uno de ellos y su respectiva pareja. Estos datos evidencian que el núcleo familiar es una referencia en términos de convivencia en el hogar, siendo la presencia de los hermanos también muy frecuente.

La distribución del porcentual de la variable "trabajo", relativa a la cuestión 6 (gráfico 3.1, anexo H), presentó una disparidad de respuestas en las muestras de los dos países, siendo los jóvenes de Brasil los que respondieron afirmativamente a la pregunta sobre la experiencia de trabajo anterior, que cuenta con un porcentual del 43,5%. De los estudiantes argentinos, el 57,7% afirmaron que nunca habían trabajado, siendo que solo el 6,7% afirmaron no trabajar y estar buscando empleo, contra el 31,4% de respuestas afirmativas en esta cuestión de parte de los jóvenes brasileños.

En relación con el conocimiento vinculado a la renta familiar, asociada a la cuestión 7 (ver gráfico 4, anexo I), el 43% del total de los jóvenes investigados dijo desconocer este dato. Los estudiantes argentinos presentaron un mayor porcentual de desinformación, y esto pudo ser analizado a la luz de una variable importante en la aplicación de los cuestionarios en una de las clases: los dos profesores que me acompañaban en la aplicación presentaron dudas en cuanto al real valor del salario mínimo oficial, y en función de esto, utilizamos el valor de 700 (setecientos) pesos, teniendo por referencia el del salario mínimo oficial brasileño de 465 (cuatrocientos sesenta y cinco) reales. Creemos que por no tener un valor previamente conocido, los estudiantes quedaron con dudas en cuanto a este tema.

En relación con la variable "grado", cuestión 8, bloque 3 (ver gráficos 5 y 6, anexo J), también se puede explicar la distinción de respuestas y porcentuales: en función de haber un mayor número de grados relativos a la enseñaza secundaria -en Brasil son tres y en Argentina son cinco-, los estudiantes que marcaron la letra "b" se referían al tercer y cuarto grados en Argentina y segundo grado en Brasil. Así, se puede concluir que los jóvenes investigados, más allá de su grado y en su mayoría, tenían una edad alrededor de 16 años.

En relación con la variable reprobación, cuestión 9 (ver gráficos 7 y 8, anexo K), se observó un porcentual del 6% superior en los alumnos argentinos, a lo cual se puede agregar que hay en Brasil una fuerte corriente determinada desde el Ministerio de la Educación, por la vía de los Consejos de Educación en los tres niveles de gestión, para que trabajen con la idea de no reprobar al alumno hasta que "todas" las posibilidades de mejoría de sus promedios sean intentadas. Esta política, para muchos equivocada, hace que la aprobación sea casi una determinación, promoviendo estadísticas que a veces no condicen con una propuesta de educación pública, universal y de calidad.

En relación con la evaluación de algunos aspectos del ámbito educativo, observamos algunas diferencias entre los dos públicos investigados vinculadas a la cuestión 10 (ver tablas 4 y 5, anexos L y M).

- El 82,6% de los estudiantes argentinos evaluaron los conocimientos de los profesores como de nivel "bueno", y los estudiantes brasileños evaluaron en el 52,7% como de nivel "regular".
- En la cuestión de la organización de las disciplinas, el 55% de los estudiantes argentinos la consideraron de nivel "bueno", mientras que el 54,1% de los alumnos brasileños la consideraron apenas como "regular".

- En el asunto relativo a la "organización de las horas de clase", el 48% de los argentinos consideraron "regular"; un valor aproximado, del 36,8%, fue presentado por los estudiantes brasileños.

Continuando con la evaluación de los aspectos de ámbito educativo investigados, tenemos:

- Los datos relativos a las condiciones físicas de la escuela nos muestran que el 50% de los argentinos evaluaron el nivel "regular" como más apropiado, mientras que el 42% de los brasileños así lo definen.
- En una evaluación de sus pares, los estudiantes argentinos se manifestaron en el 51,7% de los casos considerando el nivel "regular" como más apropiado, mientras el 56% de los brasileños así hicieron. En este asunto, los estudiantes no evaluaron el nivel de amistad entre ellos, sino el nivel de aprendizaje de sus compañeros.
- En cuanto a la evaluación de la dirección, coordinación y supervisión escolar, funciones relativas a la gestión educativa, los estudiantes argentinos, en el 57,1% de los casos, consideraron el nivel de trabajo como "bueno". Los brasileños, en el 53,4%, lo consideraron como "regular".

En relación con la variable "adecuación de los conocimientos adquiridos en la escuela secundaria", relativos a la cuestión 11, los estudiantes argentinos consideraron que el 95% del conocimiento adquirido en la escuela es adecuado a su crecimiento individual y cultural (ver gráfico 9, anexo N), lo que denota el valor, por lo menos imaginario, que detenta el conocimiento para estos jóvenes. Además de informar que los conocimientos adquiridos en la escuela son adecuados a las necesidades del mercado laboral (68%), los estudiantes, en general, creen que la enseñanza superior es el grado que más les ofrecerá condiciones de acceder al mercado laboral, dato que se pudo observar por sus testimonios, presentados por los análisis de las expresiones recogidas en la técnica de grupo focal.

Con relación a la variable "adecuación de los conocimientos adquiridos en la escuela secundaria", los estudiantes brasileños consideraron que el 84% del conocimiento adquirido en la escuela es adecuado a su crecimiento individual y cultural (ver gráfico 10, anexo Ñ), una respuesta con valores muy cercanos a las respuestas de los estudiantes argentinos pero con un porcentual menor. Además de informar que los conocimientos adquiridos en la escuela son adecuados a las necesidades del mercado laboral (66%), los estudiantes brasileños, en general, no creen que a vayan tener más posibilidades de acceder al mercado laboral en función de la crisis observada en el país. Vale recordar el gráfico 3.1 (anexo H) que informa que, de la muestra total de jóvenes brasileños, el 31,4% están en busca de empleo.

Trabajando los porcentuales relativos a la cuestión 11 (ver gráfico 11, anexo O), en cuanto a la respuesta relativa al valor de los conocimientos adquiridos en la escuela, en general, solo el 11% de los jóvenes estudiantes respondieron creer que los conocimientos adquiridos en las escuelas no son adecuados para nada. Esto nos prueba que, aunque estas representaciones sean del orden de lo imaginario y no funcionen en la práctica cotidiana, los estudiantes aún reconocen a la escuela como una institución importante en sus distintas funciones; a saber: de formación personal, de transmisión del saber y de construcción de pilares de acceso al mercado laboral. Cabe ahí una mayor profundización sobre la fragmentación entre creer y actuar en las cuestiones características de las representaciones que tienen que ver con la institución educativa.

A partir de este momento, discutimos las respuestas referentes al cuarto bloque: las cuestiones específicas relativas a la condición de autoridad (gráfico 12, anexo P). En la distribución porcentual de los datos vinculados con la figura de autoridad a la cual los jóvenes argentinos suelen acceder, ellos informaron que tienen a los parientes más próximos en grados de consanguinidad como a aquellos a quienes más suelen obedecer en lo cotidiano (61%). De ahí observamos el valor de la familia y la fuerza de los lazos de afectividad como mantenedores de la aceptación de la asimetría. La escuela, por la vía de sus distintos agentes, figura en segundo lugar para esta muestra de jóvenes, que informaron encontrarse sometidos sistemáticamente a las normas de la junta directiva y de los profesores (48 y 36%, respectivamente). Dato que confirma el análisis anterior, relativo a la representación de la institución escuela en el imaginario juvenil de esta muestra.

En la discusión asociada a la cuestión 12, "¿estás normalmente sujeto a las normas dictadas por quién?" (gráficos 13 y 14, anexos Q y R), en la distribución porcentual de los datos relativos a la figura de autoridad a la cual los jóvenes brasileños suelen acceder, ellos presentaron una distribución muy cercana a las respuestas de los jóvenes argentinos, dando un porcentual livianamente mayor a la familia, ya que informaron estar sujetos de manera sistemática a las normas dictadas por los parientes más próximos en un porcentual del 64%. La escuela, por la vía de sus distintos agentes, figura en segundo lugar también para esta muestra de jóvenes, con 45 y 34% de respuestas afirmativas, en mayor grado de frecuencia, relativas a la sumisión a las normas determinadas en esta institución.

Tenemos un dato interesante: además de haber una extensa bibliografía que nos habla de la necesidad del joven de estar en consonancia con su grupo y, por lo tanto, en consonancia con las reglas y normas, implícitas o no, relativas a la manera de comportarse, de vestirse, de hablar, así como relativas a los lugares a los cuales frecuentar, para los jóvenes esta no parece ser una obligación. Luego, parece clara aquí la idea de que las reglas, cuando son elegidas en común acuerdo, no son observadas como un peso, y siendo vistas con naturalidad, quedan "invisibles" en cuanto a la necesidad de responder a ellas de manera efectiva. Se observa que del total de la muestra, apenas el 6% de los jóvenes declaró estar sistemáticamente sometido a las reglas determinadas de manera horizontal. Aun así, el 55% de los investigados declararon estar de alguna manera sujetos a las reglas del grupo de amigos.

Al discutir los datos relativos a la cuestión 12, "¿estás normalmente sujeto a las normas dictadas por quién?" (gráficos 12, 13 y 14, anexos P, Q y R), refuerzan las respuestas contenidas en los anexos que se refieren a las dos instituciones de carácter tradicional, la familia y la escuela, que siguen siendo las más representativas para la mayoría de los jóvenes investigados. Se percibe así una disposición, en función de una orientación de ámbito social internalizada, de reconocer a las figuras representativas de estas dos instituciones como quienes tienen "el derecho" de establecer reglas en relación con los sujetos. Luego, dada esta condición (de derecho), la representación de autoridad, al menos en los discursos de los jóvenes argentinos, parece clara e incuestionable.

En la distribución porcentual relativa a la cualidad principal de una figura de autoridad, asociada a la cuestión 13, el 38,9% del total de los investigados respondió que es "quien tiene actitud y merece ser imitado". Fue posible observar en esta respuesta específica que algunos investigados añadieron, a mano, la palabra "ejemplo" (ver gráfico 15, anexo S). Las respuestas siguieron informando que el 20,8% cree que la figura de autoridad es la figura que detenta el poder de mando sobre el otro, y por fin, el 17,5% del total de los investigados creen que la cuestión de la manutención económica es un fuerte tema en el reconocimiento de la figura de autoridad. Cuando se suman la segunda y la tercera modalidad de respuestas, prevalece la que defiende la condición relativa a un modelo o referencia como condición más apropiada a una figura de autoridad.

Los datos presentados relativos a la cuestión 14, "¿quién tiene el derecho de establecer normas en relación con usted?" (ver gráficos 16 y 17, anexos T y U), tienen una distinción importante: entre los jóvenes brasileños investigados prevalece la opinión referente al derecho de los miembros de la familia de establecer o dictar las reglas a los más jóvenes. Este dato también puede ser reforzado por los datos presentados en el gráfico 16 del anexo T. Así, en las dos primeras opciones de respuesta fueron elegidos miembros de la familia en primer y segundo grado, pero en la tercera opción la respuesta es distinta de la que presentaron los jóvenes argentinos: los jóvenes brasileños priorizan a los operadores de la justicia y a la Policía en el grado de reconocimiento de la condición de autoridad. Para este grupo de entrevistados, los agentes educativos quedan en cuarto lugar en grado de reconocimiento de su lugar de autoridad junto a ellos. Este dato está en conformidad con los discursos de los jóvenes brasileños recogidos cuando fueron realizadas las sesiones de grupo focal.

Por fin, en la cuestión relativa al interés en participar de un momento de discusión y reflexión alrededor de la temática autoridad, en general, el 58% de los jóvenes se presentaron interesados (ver gráfico 18, anexo V). Dato que para nosotros se mostró muy interesante, ya que la idea inicial era que ellos tenderían a considerar a este asunto como aburrido y demasiado denso. La contribución de mayor peso a esta cuestión es computada en el grupo de jóvenes brasileños que contestó afirmativamente en el 65,8%. Este aspecto también se debe a los intensos cuestionamientos relativos a los cambios de reglas observados en la escuela, debido a una más fuerte intervención de los operadores de la justicia en su interior, dada la vigencia del *"Estatuto da Criança e do Adolescente",* cuestión que discutimos cuando presentamos los datos cualitativos de esta investigación.

En el bloque relativo a los comentarios adicionales, solicitamos a los alumnos que eligiesen una sola palabra que pudiera representar el significado de la noción de autoridad para ellos. De estas respuestas, emergieron cuarenta temas, o sea, cuarenta palabras o unidades de análisis que fueron las que más se repitieron en las respuestas dadas por los jóvenes investigados. Las respuestas presentadas serán tratadas con más detalles en el anexo X.

Inicialmente podemos decir que, a título de distribución porcentual de respuestas, los jóvenes argentinos eligieron: *responsabilidad, poder, respeto* y *mandar* como las nociones más representativas y aproximadas de la idea de autoridad. Los jóvenes brasileños presentaron con más frecuencia las nociones relativas a *respeto, poder* y *mandar.*

Del total de respuestas, el asunto del *respeto* predominó con el 24,9% del total de respuestas captadas, seguido por *poder* (el 11,7%), *responsabilidad* (el 9,5%) y *mandar* que correspondió al 8,7% del total de respuestas contestadas.

Estas respuestas –definidas como unidades de análisis– fueron distribuidas por porcentaje de aparición, lo que podremos observar en la tabla 7, anexo W.

Para analizar las representaciones sobre autoridad presentadas en las respuestas de los jóvenes, fueron creadas cinco categorías distintas. De ellas, solo las cuatro primeras serán consideradas en nuestro trabajo de investigación. Las categorías fueron así distribuidas:
- Categoría 1. *Autoridad representada por una imagen personificada.* En esta categoría encontramos las unidades de análisis *persona, familia* y *"el bien".*
- Categoría 2. *Autoridad representada por una postura referida a la alteridad.* En esta categoría las unidades de análisis son: *respeto, responsabilidad, humildad,*

aproximarse, referencia, actitud, ejemplo, protección, merecimiento, justicia, comprensión, carácter, educación y *equilibrio*.
- Categoría 3. *Autoridad referida a una figura de liderazgo y organización*. En esta categoría encontramos las unidades de análisis *manejo, orden, corregir, dirigir, liderazgo, límites, disciplina, dominio, obedecer, derecho, conocimiento, inteligencia, organización* y *normas*.
- Categoría 4. *Autoridad referida a una postura de dominación y autoritarismo*. En esta categoría tenemos como unidades de análisis los términos: *poder, mandar, superioridad, control, imponer reglas, imposición / intimidación, privilegio* e *influencia*.
- Categoría 5. Nulos. Ejemplos de unidades de esta categoría: "qué sé yo", "no sé", "no me interesa" y "nada".

Expuesto esto, podemos afirmar que en la tabulación de la distribución de las unidades de análisis sobre la representación del término *autoridad*, los datos nos informaron de una mayor expresión participativa en la categoría 2, que aquí definimos como una *postura referida a la alteridad* (el 44,4%), y en segundo lugar del porcentaje de respuestas quedó la categoría 4 (el 23,6%), donde la autoridad es representada como una *postura de dominación y autoritarismo*, conforme podemos observar en el gráfico 19 (anexo X).

3.3 Análisis inferencial

La técnica utilizada para comparar si existen diferencias significativas entre los estudiantes, según los países, fue el *test* de "chi-cuadrado" para independencia, del tipo "no paramétrica", en este caso, en relación con los cuatro componentes determinantes del perfil de autoridad. La elección de esta técnica se debe al hecho de que las variables escogidas sean de carácter cualitativo.

La tabla 8 muestra que el *test* "chi-cuadrado" sirve para verificar si la diferencia entre las categorías de autoridad entre las escuelas argentinas y las brasileñas son significativas con el 95% de confianza, por tanto, difieren entre sí (nivel de significación inferior al 5%). Para acceder a los datos, véase anexo Y.

4. Análisis e interpretación de los datos emergidos de la investigación cualitativa

En esta unidad, trabajaremos presentando inicialmente las citaciones de los sujetos de la investigación separadas de acuerdo con los temas que se fueron desvelando a lo largo de las entrevistas. Posteriormente discutiremos los núcleos de estos discursos en bloques distintos, teniendo en cuenta los referenciales teóricos que nortearon nuestras reflexiones, suministrando el marco conceptual en el cual este trabajo se encuentra insertado. El bloque de discusión siempre tendrá una temática central, pero en algunas situaciones, este núcleo se dividirá en más de un aspecto, dada su complejidad, o sea, dada su capacidad de engendrar distintas miradas. Aun así, las discusiones se darán de acuerdo con el tema central independientemente de la cantidad de subdivisiones que la temática pueda venir a comportar. Optamos por esta metodología a fines de tornar la discusión más clara y más concisa, evitando que las reflexiones se vuelvan repetitivas y circulares.

Los discursos serán marcados por una leyenda que tiene por objetivo identificar a los sujetos por su condición o función en la institución escolar.[1] Expuesto esto, iniciamos:

---

[1] Leyendas: dir. = director(a); coord. = coordinador(a); prof. = profesor(a); al.= alumno(a); esc. = escuela.

Bloque 1

4.1 La autoridad en cuestión

"El concepto de autoridad es muy complejo... muy complejo... tiene muchos... cómo diría... muchos condimentos... y también es muy difícil para nuestros chicos, en estos tiempos que ven tanta cosa inescrupulosa, tantos cambios alrededor... tanto 'todo vale'... tanto desorden a nivel ético... moral... creo que tenemos que redoblar en las escuelas los esfuerzos para que los chicos se formen en este sentido... y empezar también nosotros a ser mucho más cuidadosos, los adultos, con las actitudes que tenemos con nuestros jóvenes en las escuelas... porque yo siempre digo... uno a veces... en este rol de mayor poder que tiene la relación docente-alumno, a veces comete también injusticias... levanta de más la voz... utiliza algunos términos para con algunos alumnos que no corresponden... que son una forma de violencia... y genera conflictos también... a veces el adulto es el que es el generador de conflictos... entonces también tenemos que hacer una mirada... para nosotros mismos y empezar a... creo... a apostar en una nueva cultura... dentro de las instituciones escolares...". (Dir. Esc. 3).

"La autoridad, yo pienso que... esto es el que intentamos transmitir a nuestros alumnos... que... en una escuela, como en cualquier institución donde hay un grupo de gente cumpliendo determinadas funciones... es necesaria porque establece un orden en las funciones y un... digamos... establece la posibilidad de que cada función se cumpla... entonces... necesariamente, para un buen funcionamiento institucional tiene que haber un principio de autoridad...". (Dir. Esc. 2).

"Yo creo que la autoridad siempre es necesaria... también en una institución de arte... y eso es lo que... bueno... quiero transmitirles... que esa disciplina necesaria en el trabajo del arte, que es un trabajo que demanda rigor, tiene que ser también una disciplina interna... lograr que los chicos... digamos... establezcan su propia escala de autoridad... que vean la disciplina como algo necesario para la vida en sociedad... entonces... bueno... lo que yo tengo muy claro es que el principio de autoridad es sano para la vida democrática... es un poco el principio que lo impulsa...". (Dir. Esc. 3).

"Yo veo que los chicos de acá tienen mucha dificultad en reconocer a una figura de autoridad porque no viven en un ámbito donde la autoridad pueda aparecer... ellos no la viven... digo una autoridad democrática... una relación de responsabilidad donde se dialogue, donde se permita oír, convencerse de... de que las reglas existen para el bien común, pero ni siempre es cómodo acatarlas... respetarlas... vivirlas con el grupo... pero... hay que intentar... hacer un esfuerzo por el colectivo...". (Dir. Esc. 2).

"El respeto a los saberes... bueno... a quien se lo ha reconocido como autoridad... tiene la enorme responsabilidad de... de conocer todo aquello relativo al ámbito en que le toca actuar... y... esto implica una profundización... una profundización en lo conceptual... pero... pienso también que... toda autoridad debe construirse desde la creatividad... con un sentido de apertura a lo nuevo... a lo diferente... a lo diverso... y... también a lo imaginativo... siempre implica pensar nuevos caminos... Pienso que la verdadera autoridad exige principalmente cualidades que tengan que ver con valores, con saberes... con conocimientos específicos de los diferentes campos... pero también... con la creatividad e imaginación...". (Prof. Esc. 3).

"He pensado en las cualidades para que alguien sea considerado una figura de autoridad… para mí… uno necesita ser democrático, respetar a los demás, es decir… reconocer los derechos de las personas… estimular el análisis… la crítica… estar abierto a la escucha… al diálogo… y… también es preciso estar comprometido con valores específicos de la institución a la cual pertenece… para poder ser coherente… coherente en su decir y su actuar…". (Dir. Esc. 1).

"La autoridad… para mí… la que los alumnos otorgan a los docentes… es un tesoro muy difícil de conseguir… los jóvenes requieren de los docentes mucho equilibrio… porque hay que tener dominio suficiente para manejar las actividades propuestas en la disciplina y… también… crear condiciones para que los alumnos la sientan como algo significativo para el aprendizaje… eso no es fácil… pero si uno respeta y escucha a los alumnos… y se siente respetado por ellos… de ahí es posible hacerlo…". (Prof. Esc. 2).

"Entre los valores creo que los más importantes son… responsabilidad… honestidad… solidaridad… humildad y… especialmente respeto por la dignidad y… por los derechos de las personas… veo una íntima relación entre autoridad y derechos…". (Prof. Esc. 2).

"Para mí, autoridad es responsabilidad… en este sentido también se puede establecer una relación con el sentido de autoridad que Jesús pregona en el Evangelio… en cuanto entiende la autoridad como… como una actitud de servicio… y no como una situación de poder o de mando… pero… por otro lado… creo que este sentido de autoridad es aplicable a cualquier lugar… dentro del plano social… desde la más pequeña institución que es la familia hasta las instituciones supranacionales…". (Prof. Esc. 1).

"El tema de la autoridad afecta a los jóvenes que... lo ponen de manifiesto a través de transgresiones, desafíos... provocaciones y... cuestionamientos a lo preestablecido... pero... creo que sea entendible debido a la etapa evolutiva que... que ellos presentan y que termina por demandarles una 'búsqueda' de... de su personalidad... y... decimos que atraviesan una 'crisis' y... dicho estado no significa que los jóvenes, en su mayoría, no posean valores... solo que no los tienen aún jerarquizados... es decir, todos los valores están en igual nivel, sin preferencias, sin un arriba ni abajo... ¿me entiendes? y... la jerarquización de los valores es lo que nos sostiene... que... que los orienta y es aquello que nos permite actuar sin titubeos en el momento de tomar decisiones...". (Dir. Esc. 1).

"Siento que... a los jóvenes les toca la cuestión de la autoridad... y mucho... los jóvenes buscan personas moralmente capaces de ejercer la autoridad... y... buscan a quienes tienen autoridad sobre ellos también... estos se transforman en modelos a imitar... en este sentido buscan quien les ponga límites... pero... también quien les proponga acciones que les permitan crecer... crecer en autonomía... y... en libertad responsable... siento que, en la actualidad... muchos jóvenes no encuentran en sus propios hogares ese lugar de autoridad... de ejemplo... debido a la desatención... o ausencia de los padres... esto les hace perder el rol... y esto es muy preocupante...". (Prof. Esc. 3).

4.1.1 Cuando la cuestión de la autoridad es cercana al acto de obedecer

"Pero... así... la mayoría... la mayoría de los niños respeta a la autoridad de la gente... uno u otro que no... pero yo los clasifico como 'buenos chicos' sabes... aquí... no sé por ahí afuera... pero aquí no hay problema con las drogas... pueden hasta ser usuarios... no digo que no... porque... usted sabe… ¿verdad? Pero aquí no hay… y cuando llamamos la atención de ellos, ellos obedecen… uno u otro que no… Pero… en general…". (Dir. Esc. 5).

"La autoridad es muy cercana del orden… pienso yo… y… para mantener el orden… no sé… Creo que en este punto, el profesor 'hombre' lleva ventaja… tiene la voz más alta… y es más fácil para él imponer el respeto… y los estudiantes también tienen más miedo de enfrentar a un hombre… no sé… yo pienso que sí…". (Coord. Esc. 5).

Bloque 2

4.1.2 Otra mirada hacia la relación entre autoridad y poder

"También la autoridad se relaciona con el poder… entendido no peyorativamente… como algo que se ejerce sobre el otro… sino… como la capacidad que tienen algunas personas… grupos… o instituciones para ejercer cargos de conducción…". (Prof. Esc. 3).

"En general no se diferencia adecuadamente autoridad y autoritarismo… por ello, muchas veces, se visualiza a la autoridad como… cómo decir… como algo malo y que se debería evitar o suavizar… pero son cosas muy distintas…". (Dir. Esc. 1).

En este bloque fueron presentadas tanto las representaciones sobre la temática autoridad, teniendo en cuenta los aspectos relativos a su naturaleza o a su esencia, dotada de una complejidad intrínseca, como también las características que deberían tener, de acuerdo con los investigados, las figuras que puedan ser consideradas referentes a la autoridad, tales como responsabilidad, compromiso y comprensión. En este punto, las representaciones sobre la autoridad se acercan de las ideas planteadas por Arendt en el texto ¿*Qué es la autoridad?*, donde propone pensar esta cuestión bajo la idea de que la autoridad solo puede ser reconocida como palabra, concepto y realidad histórica, pues "la fuente de autoridad trasciende al poder y a los que están en el poder" (Arendt, 1960/1992: 153). Pero también, en algunos otros puntos de la discusión se puede observar la cuestión de la autoridad muy cercana a las condiciones de la imposición del orden, de la dominación y del poder. De ahí abstraemos otra representación que se aproxima más a las ideas de Foucault sobre la temática, cuando afirma que "el poder se construye y funciona a partir de poderes, de multitud de cuestiones y de efectos de poder" (Foucault, 1992: 158), buscando discutir cómo una categoría, por su condición de poder, podría prestarse a representar los intereses colectivos, cuestionando los mecanismos y las complementariedades que esta posición evoca. De ahí también se abstraen las ideas de Weber relativas al tipo de dominación racional-legal, por su condición burocrática, que mantiene el poder por el simple cumplimiento (literal) de la tarea determinada; o aun al tipo de dominación carismática, responsable por delegar poder, por la vía democrática, a algunas figuras que no poseen mucho más que carisma y oratoria. Las escuelas, en todos los niveles, están llenas de estas figuras retóricas; hay incluso quien postula la idea de que las instituciones educativas no deberían luchar por identificarse como un espacio democrático –y así sujeto a la demagogia de los más perversos–, y sí trabajar en la construcción de un espacio educativo donde prevalezca la autoridad dada por la condición de poder responder por la función educativa que sus regentes se proponen. Sin embargo, este asunto tiene tantos rasgos distintos que conformaría otra Tesis.

Retomando los datos recogidos en este bloque, podemos decir que las representaciones sobre la cuestión de la autoridad están muy ligadas a los modos como los sujetos perciben los roles y las funciones inscritos en las instituciones. Luego, la ideología de una institución también se ve marcada, o por lo menos, obstaculizada, por las ideas, nociones y representaciones de su gestor, cabiéndoles a los distintos sujetos inscritos en este campo de fuerzas, o sea, en el juego –tal como nos enseña Bourdieu–, luchar resistiendo a las condiciones impuestas y proponiendo nuevas miradas hacia las transformaciones.

Los jóvenes investigados hicieron referencia a la autoridad fundamentalmente en la figura del profesor, que en su microcosmos, es evaluado en su postura relativa a un rol que, además de los cambios, aún permanece en su carácter tradicional. Acerca de esto trataremos en el próximo bloque.

Bloque 3

En este bloque discutiremos la idea de que para los jóvenes, la cuestión relativa a la autoridad (pedagógica) tiene mucho que ver con la figura del profesor, que además de exponer algunas de sus cualidades, retratan las que serían consideradas "debilidades" vinculadas con su postura y actuación.

"Los profesores no tienen autoridad aquí... nadie tiene dominio... ellos no saben cómo hacer... no saben cómo reaccionar a los alumnos más terribles... cuando una parte del aula resuelve hacer desorden, la clase se va al espacio... y ahí cada uno hace lo que quiere... cada uno aprende si quiere...". (Al. Esc. 5).

"Hay profesor que no se hace respetar... se pelea con el alumno y... de vez en cuando no asume la culpa... parece que tiene nuestra edad... muchas veces... cuando es así, un alumno hace lío y ahí el profesor culpa a todos... y ahí todos nos cagamos...". (Al. Esc. Y).

"Un profesor que no respeta a los alumnos no tiene el respeto de ellos... no es reconocido como autoridad... y... hay que tener también comprensión y un poco de humor... ser agradable... para que podamos aprender mejor...". (Al. Esc. 2).

"También hay unos que dicen: 'no quiero ni saber, no me lo van a descontar del sueldo mismo... dejá que hagan lío...'. Ahí nos quedamos con rabia... nos sentimos pequeños... da mucha rabia... porque no podemos hacer nada...". (Al. Esc. Z).

"Hay profesor que no tiene responsabilidad... se pone a joder con los chicos y no da clases... y también... me parece un poco antihigiénico... el profesor fuma... se va afuera para fumar y cuando entra al aula está con ese olor horrible... me parece muy feo...". (Al. Esc. 4).

"Hay veces que hay alumno fuera del aula y le pedimos que ponga orden y él dice... 'y... ese no es mi problema... no quiero ni saber... lo que yo tenía que aprender ya lo aprendí'...". (Al. Esc. X).

"Si no tenemos confianza en el profesor... no lo respetamos... y... no queremos una cosa lista... queremos compartir... poder agregar...". (Al. Esc. 2).

"El profesor de física... él explica, explica, explica... se queda en una sola cosa y nadie entiende nada... creo que ni él entiende... el de geografía es igual... pero son sustitutos... cada día es uno que viene... y nadie aprende nada...". (Al. Esc. Y).

"Puede hacer bromas, pero tiene que tener seriedad, respetar su función... a veces el profesor no sabe de su función... se pone nervioso pero no sabe manejar... también tiene que ver con no tener personalidad... ser débil... no sé...". (Al. Esc. 1).

"Ahora... hay profesor que es burro... risas... no nos viene a hablar... no sabe ni leer el nombre de un tipito ahí... que está en el libro... enrosca la lengua y no sale nada... cagado mismo...". (Al. Esc. 5).

"Vemos que hay profesor que está loco para que acabe la clase... risas... ellos no nos aguantan... es mucho lío...". (Al. Esc. 4).

"En parte los profesores están... como que... impotentes... porque ellos no pueden hacer nada... no estoy diciendo que... tiene que llegar, agarrar un alumno... ponerlo en el rincón y pegarle... educar... como los padres lo hacen... ahí por no tener ciertas actitudes... en parte ellos quedan en la mano de los alumnos...". (Al. Esc. 4).

"Si un profesor no consigue imponer las reglas, las clases quedan muy malas... no se aprende tampoco...". (Al. Esc. 1).

"Teníamos una profesora que no sabía manejar las clases... los alumnos no trataban de hacer las actividades y... qué se yo... ella se descontrolaba, algo así y... nadie aprendía nada... pero ella se fue... desistió...". (Risas). (Al. Esc. 2).

"Pasa también que alguien no esté en un buen día... el profesor precisa saber reconocer... no pelear con uno solo para poder mandar... una persona, por ejemplo... para tener autoridad en clase necesita imponer reglas... pero... también ser flexible en algunas cosas... tiene que llevarse bien con los alumnos...". (Al. Esc. 1).

"Una persona para tener autoridad tiene que ser un buen ejemplo... ser recto...". (Al. Esc. 3).

Aquí se observa la complejidad del rol docente en la contemporaneidad, que va desde un sujeto que necesita saber manejar, tener conocimiento y postura, hasta alguien que sepa surfear en las olas de los humores de los jóvenes. Y esta no es una tarea fácil, dadas las condiciones a las cuales los profesores han sido expuestos.

De esta manera, hay corrientes que abogan la idea de que los profesores necesitan capacitarse continuamente a fines de reflexionar sobre lo que puedan considerar enseñanza en sus acciones educativas, inspeccionando "sus creencias, pasiones, imágenes y prejuicios personales" (Liston & Zeichner, 2003: 85). Pues observan que ingresan en el aula con un "bagaje de supuestos, creencias y valores implícitos y no articulados sobre el contexto social de la escolarización" (ibíd.). Teniendo obscurecidas las creencias que subyacen a su modelo de actuación o de enseñanza, no reconocen sus limitaciones, y así no promueven cambios o transformaciones positivas en su práctica educativa.

Hay también críticas a los procesos de formación docente, como asimismo a las investigaciones sobre el pensamiento y la forma de acción de los maestros, dado su carácter reduccionista y "colonizado" por muchos de los que apoyan a una reforma educativa basada en "los intereses del saber académico de los formadores del profesorado, y no de los maestros" (Day, 2005: 65).

Además de las críticas al profesorado, que van desde sus limitaciones personales hasta las limitaciones y los reduccionismos de los procesos de formación docente, existe incluso la cuestión relativa a la condición docente, de la cual trataremos en seguida, no olvidando que estas críticas también son concernientes a los otros actores de la gestión educativa en la escuela, ya que de igual modo se percibe en ellos las mismas limitaciones, y en algunos casos, limitaciones aun más intensas que las encontradas en el profesorado.

4.2. Distintas miradas relativas a la condición docente y sus igualmente distintas representaciones, sentidos y significados

"El profesor es parte fundamental del proceso de enseñanza… fundamental en el buen funcionamiento de una institución escolar, pero… necesita condiciones de trabajo…". (Dir. Esc. 2).

"La condición docente también depende mucho de la renovación del plantel de profesores… eso afecta mucho a la escuela… porque no podemos seguir trabajando con docentes cansados… con docentes que no están preparados para vivir estas realidades… hay profesores que les cuesta desgarrarse de sus paradigmas… entonces… necesitando trabajar… se enferman… o desisten de su rol y deciden hacer lo más simple… venir… dar clases y nada más… y hay aquellos que, para tener un nivel económico mejor… trabajan 44 horas cátedra… esto es una locura… es imposible terminar bien… por eso hay tantos docentes con licencias psiquiátricas… porque es impensable trabajar 44 horas… es una locura… además no puede comprometerse ni con su salud, ni con la institución… ni con los chicos… es muy compleja esta situación…". (Dir. Esc. 2).

"El trabajo docente hoy demanda muchas habilidades… uno tiene que estar en equilibrio con los intereses de los alumnos… y también con los intereses de la materia que trabaja… y eso es muy difícil de alcanzar… a mí me cuesta mucho conseguirlo…". (Prof. Esc. 2).

"En las dos escuelas que trabajo… pequeñas comunidades… creo que se aplica el sentido legítimo de educación…

las autoridades de estas escuelas poseen... muchas cualidades éticas... en la Escuela de Arte existe además una legitimación de las autoridades a través de votaciones bienales... que renuevan el Consejo Directivo... compuesto por Directora, Regentes, Jefes de Departamentos... si bien los cargos de Directora y... de Regentes son permanentes... estas han salido originalmente de votaciones... esto es muy importante, porque... uno trabaja feliz...". (Prof. Esc. 3).

"Las condiciones de trabajo han cambiado mucho... hoy no hay más diferencia entre la escuela del centro y de la periferia... yo misma trabajo en tres escuelas distintas... y... pienso que la violencia es generalizada... trabajamos en un campo minado... por esto nos limitamos a dar un aula *light*... hacemos lo posible...". (Prof. Esc. 5).

"Aquí en la escuela, siempre se trata de construir un espacio democrático... es una meta, un objetivo y un camino... con idas y venidas... errores y contramarchas... pero en ambas instituciones se lo proponen... cabe aclarar que, en lo personal, he elegido trabajar en estas instituciones... rechazando siempre aquellas megaescuelas donde a veces es muy dificultoso trabajar el conocimiento y afecto mutuos...". (Prof. Esc. 1).

"Acá es muy bueno trabajar... pero... las referencias son otras... esto no es una institución de educación formal... entonces... nosotros tenemos condiciones de trabajar... hasta el clima es distinto...". (Prof. Esc. 6).

En el aspecto de la condición docente, pudimos observar que las visiones sobre el desarrollo de su trabajo y hasta de los discursos relativos a un sentimiento singular de pertenencia y comodidad o de desamparo, ligado a un débil compromiso con su hacer pedagógico, están muy asociadas a las condiciones objetivas y subjetivas de vivencia en las escuelas.

Tenti Fanfani, consultor del Instituto Internacional de Planeamiento de la Educación (IIPE-UNESCO), realizó una investigación a fines de obtener un análisis comparado de la condición docente en Argentina, Brasil, Perú y Uruguay, y concluyó que "la política docente debería constituirse en capítulo fundamental de cualquier política educativa progresista", ya que, de acuerdo con el autor, "cambiar la educación, es decir, ponerla a la altura de los desafíos contemporáneos, quiere decir cambiar los modos de hacer las cosas en los distintos niveles del sistema educativo" (Tenti Fanfani, 2007a: 280).

Investigando aspectos como características demográficas y socioeconómicas de los maestros, sus valores, consumos culturales y configuraciones típicas, además de adentrar en algunos temas de política educativa y formación docente, el autor consideró que, más allá de las tendencias hacia la sensación de impotencia y fatalismo, "las evidencias indican que hay condiciones objetivas y subjetivas para crear, renovar y jerarquizar el oficio docente", que caminan en dirección de "un proyecto social donde el derecho a la escuela y al conocimiento sean algo más que consignas tan 'políticamente correctas' como vacías de contenido real" (*op. cit.*: 287).

De esta manera, el ejercicio de reflexión sobre el trabajo docente es interesante si no nos dejamos abstraer de sus condiciones de existencia. Además de sus condiciones opresivas, desde la mirada dialéctica, no hay poder o régimen de dominación de carácter absoluto. Luego, no hay, en el mundo externo, un poder lo suficientemente fuerte como para anular las subjetividades de los sujetos que, no raras veces, mantienen el germen de la resistencia obscurecidos en una postura de aparente resignación. Cabe a la comunidad educativa reflexionar sobre las condiciones opresivas, actuando a fines de engendrar espacios de mayor autonomía y libertad. Reflexionar y actuar, dimensiones de la misma totalidad y condiciones indispensables a una praxis educativa de ámbito emancipador, pueden ser el camino hacia un proyecto social de carácter civilizador.

4.2.1 El sacrificio de Sísifo impuesto a los profesores

"Lo difícil creo que es el profesor hacer parte del equipo de la escuela... porque si el maestro asume la responsabilidad... ahí... en la escuela... todo fluye lindo... solo esto es lo que falta... porque a veces... uno deja de desear... porque, si... si el profesor... hace parte del equipo de la escuela, ellos trabajan bien con los chicos... entonces la escuela no tiene ningún problema... Me refiero a eso con ellos... digo que está en sus manos el funcionamiento de la escuela... porque el maestro... él cambia la cabeza de millones de estudiantes... cambia de verdad... es solo lo que falta...". (Dir. Esc. 5).

"Hoy en día el principal problema de la escuela son muchos... No puedo decir que uno es mayor... la familia, en general, no respeta las reglas de la escuela... y también hay la desvaloración hecha por los Fiscales de Justicia... dictada también por el Consejo Tutelar... fuera la Secretaría de Educación... que también sacó la autonomía de la escuela... amarra las manos de los maestros, de los directores, de los coordinadores... de ahí nos quedamos sin referencia...". (Coord. Esc. 5).

"Tenemos muy poca autonomía... trabajamos con pocos recursos y en aulas muy llenas... estamos insistiendo en la pizarra y los estudiantes ya están en el iPod... no hay santo capaz de realizar un buen trabajo en estas condiciones...". (Prof. Esc. 5).

"Parece que estamos en contramano de los deseos de los adolescentes... ellos parecen no querer saber lo que el profesor intenta enseñar... no sé... cómo puedo decir... el valor del conocimiento es otro... eso es incontestable...". (Prof. Esc. 4).

"Por otro lado, los profesores... yo pienso así... están desmotivados... perdieron su lugar... hoy los estudiantes los enfrentan... y, a veces... es el maestro quien tiene que callarse para sostener el sueldo del final del mes... es difícil... está ahí la otra coordinadora que puede confirmar lo que digo...". (Coord. Esc. 5).

"Hay casos esporádicos de licencia especial y licencia médica de los docentes... yo tengo un solo caso de depresión aquí... pero no sé si es propiamente por el trabajo... tú sabes... así que... hay estas enfermedades normales... la niña que ahora hizo una cirugía... porque tomó la medicación equivocada... de ahí se complicó... un serio problema... ella casi se fue...". (Dir. Esc. 5).

"Yo creo que la lucha por mejores sueldos es una lucha perdida... el profesor tiene que contentarse... o... ir a buscar otro oficio... educación no es lugar para gente que ambiciona cosas... yo mismo conozco gente que solo queda en la educación a fines de jubilarse... porque... no es compensador..." (Dir. Esc. 4).

4.2.2 La mirada acerca de la función educativa y organizadora de las reglas

"Hay aún muchas actitudes que... remiten a... a una postura de autoritarismo en las escuelas... yo entiendo el autoritarismo como... como el ejercicio del poder sin tener en cuenta los derechos de los demás... como la imposición del orden... por la fuerza... y... anulando la participación... anulando la figura del otro, anulando las críticas y propuestas que permitan el mejoramiento de una tarea... entonces... para el pensamiento autoritario... la autoridad y el autoritarismo terminan siendo una misma cosa... como que se fusionan y... se confunden... y... solemos encontrarnos con personas que aceptan el autoritarismo y descalifican a... como puedo decir... las autoridades blandas... o democráticas... por considerar que carecen de autoridad... que carecen de auténtico mando... un gestor necesita mirar a los demás como personas y no como operadores de una tarea...". (Dir. Esc. 1).

"Hasta aquí, en nuestro país, la cultura escolar es producto de muchas dictaduras... bueno... y... de ahí... hay formas distintas de entender cuál era la función de un docente... creo que esto ha dado lugar a que el docente... se tomara muchas atribuciones que no le correspondían... por eso digo que hay que crear una nueva cultura... es muy difícil... pero... bueno... yo, como soy docente... soy una persona esperanzada...". (Dir. Esc. 3).

Las prácticas opresivas de las cuales tratamos en el bloque anterior retornan ahora por la metáfora del sacrificio solitario de una figura que vendría a representar el fracaso escolar en todos sus ámbitos. Acerca del mito de Sísifo y sus deslizamientos, Camus nos orienta:

> Los mitos son hechos para que la imaginación los anime. Con respecto a éste, lo único que se ve es todo el esfuerzo de un cuerpo tenso para levantar la enorme piedra, hacerla rodar y ayudarla a subir una pendiente cien veces recorrida [...]. Al final de este largo esfuerzo, medido por este espacio sin cielo y el tiempo sin profundidad, se alcanza la meta. Sísifo ve entonces como la piedra desciende en algunos instantes hacia el mundo inferior desde el que habrá de volver a subirla hacia las cimas, y baja de nuevo a la llanura. Sísifo me interesa durante ese regreso, esa pausa [...] esta hora que es como una respiración y que vuelve tan seguramente como su desdicha, es la hora de la conciencia. En cada uno de los instantes en que abandona las cimas y se hunde poco a poco en las guaridas de los dioses, es superior a su destino. Es más fuerte que su roca. (Camus, 1953: 95).

De esta pausa o respiración también tratamos en el bloque anterior cuando discutimos las condiciones de reflexión y acción de los sujetos hacia las transformaciones coyunturales. Aquí nos cabe reforzar la idea del discernimiento como posición opuesta a la servidumbre. Para Camus, que trabajó el mito de Sísifo en la obra en la cual trató del absurdo de la condición humana, solo al tomar conciencia de su condición, el sujeto puede liberarse de su condición opresiva, transformando "en regla de vida lo que es invitación a la muerte" (Camus, 1953: 56). En esta obra, el autor también promueve un giro hacia la idea de lo absurdo, que tanto puede representar la condición humana en sí, como la contingencia en torno al sujeto, y que también contiene su humanidad.

Lo absurdo también podría ser observado en las condiciones del trabajo humano donde, sostenido por la burocracia, mantendría la condición de servidumbre disfrazada en las tareas inútiles, aunque imposibles para alcanzar la actividad emancipadora del ámbito creativo. A pesar de que el autor no haya tratado específicamente de las cuestiones relativas al espacio educativo, es posible aproximar su pensamiento a las cuestiones aquí tratadas. Hasta cuando afirma que "la lasitud está al final de una vida maquinal, pero inicia al mismo tiempo el movimiento de la conciencia" (*op. cit.*: 20), parece tratar de la condición docente y de sus atravesamientos, que observamos en las obras de Tenti Fanfani, Day, Narodowsky, Puiggrós, Freire... Se trata de distintos saberes marcados por distintas epistemologías, que mantienen un hilo común: la mirada hacia el sujeto por la vía de la observación de su condición humana como factor que impulsa la acción transformadora, que trabajando a fines de romper con los aspectos que obstaculizan la libertad, recrean la historia bajo bases distintas, donde la dimensión ética, el rigor reflexivo, la seriedad y el compromiso sean representativas de una ética universal hablada, vivida y testimoniada en lo cotidiano.

Bloque 4

En este bloque buscamos problematizar la idea de que la mirada de la función educativa y organizadora de las reglas también define sus modos de aplicación.

"Hay reglas claras de convivencia acá pero... desde la institución... lo que no deseamos es penalizar al alumno sin analizar toda la situación... por esto no se puede aislar una actitud y decir... esta actitud es pasible de tal penalización... sino que estamos tratando de un chico... con toda la complejidad que trae consigo... en este sentido... yo creo que las reglas tienen que ser aplicadas... sí... pero... no en abstracto... digamos... en absoluto..." (Dir. Esc. 3).

"Al tratar de reglas... y normas... tenemos que tener en cuenta... que en el proceso de jerarquización de los valores están presentes los padres... los docentes... las instituciones... es decir... está presente 'alguien con autoridad' y... de ahí que nuestros hijos... nuestros alumnos y... nuestros jóvenes nos demanden 'límites' como que demandando claridad y coherencia en nuestro actuar..." (Dir. Esc. 1).

"En ambas las instituciones en las cuales trabajo... las reglas me parecen claras... y justas... pues... el código de convivencia emanó de un trabajo y de un acuerdo conjunto de alumnos... profesores... directivos... que se va renovando con los años... entendiendo siempre que... la libertad implica también límites... y responsabilidad por el uso común... pero... veo mayor autocontrol y autodisciplina en la Escuela de Arte... no solo por el manejo libre de su espacio escolar... sino también del espacio extraescolar..." (Prof. Esc. 2).

"En el acto de registro de matrícula y en los primeros días de escuela, los alumnos se dan cuenta de las normas de aquí... los padres están plenamente de acuerdo con la actitud más rígida de la escuela... uno u otro caso, entre los mil y muchos estudiantes es que no están de acuerdo, pero la mayoría... y... ellos aceptan bien... yo creo que sí...". (Dir. Esc. 5).

"La policía también ha sido parte de la vida cotidiana de la escuela... pero no sé hasta cuándo... entonces... sé que la escuela está muy diferente... es un desgaste muy grande... las normas cambian a menudo y hoy no se puede más ni dar una advertencia a un estudiante... ¿dónde se ha visto eso? Luego ellos toman las riendas... Creo que esto representa la falta de poder de la escuela y esto puede interferir en el aprendizaje... porque desgasta también al maestro...". (Coord. Esc. 5).

"Las reglas cambiaron un poco... ahora no hay más punición en la escuela... no hay más punición como antes... advertencia... suspensión... estas cosas... Ahora nos orientan a dar consejos a los alumnos... entonces nosotros le recomendamos una vez, dos veces, tres veces, cuatro veces, cinco veces... pero él se queda en la escuela... no sale de la escuela... y el padre viene y... comparece... entonces, cuando tenemos un número 'X' de asesoramientos... Ahí aconsejamos al padre a buscar otra escuela...". (Dir. Esc. 5).

"Los alumnos siguen las reglas... pero... nos cuesta mucho... nosotros hemos pensado en una manera de hacer con que ellos piensen que también son parte en la definición de las reglas... me parece que de ahí ellos obedecerían más... pero... no sé... tendremos que pensar una manera...". (Dir. Esc. 4).

"La escuela de gestión oficial hoy es un problema que tiene muchos aspectos distintos... imponer reglas a una población como esta que tenemos es muy difícil...". (Prof. Esc. 4).

"Si un profesor no define las reglas, las clases quedan muy malas... no se aprende tampoco... porque... acá en la escuela tenemos bien organizadas estas cosas de reglas... todos trabajan el código... es una tarea de todos... pero el profesor también debe definir su manera de trabajar...". (Al. Esc. 1).

"Regla hay... pero... no sucede nada si no las cumplen... risas... hasta sucede, pero... después queda todo igual... y el chico encima vuelve riéndose... en mi clase hubo un chico del tercero que vino a hacer una prueba para un conocido de él... la coordinadora agarró... lo retó... mandó a llamar a su mamá... a la otra semana ya nadie se acordaba...". (Al. Esc. 4).

"A veces la clase está un lío... los profesores tampoco hacen nada... nada... y todo queda en eso mismo... ahí los que ya no quieren nada con la cosa empiezan a hacer lío... parece que la escuela es una tierra sin ley...". (Al. Esc. Z).

"Cualquier cosa que se hace aquí... no da en nada... la escuela no hace nada... solo dicen que da consejos... hubo gente que hasta hizo sexo aquí... no dio en nada... el chico lo firmó... sus padres vinieron... y solo eso...". (Al. Esc. 5).

"Allá en la escuela, la coordinadora... así... cuando un alumno dice alguna cosa, el profesor va, conversa con él... llama a la coordinación y todo... ahí la coordinadora viene y ni pregunta qué sucedió... ya juzga a la persona... por ejemplo... una vez ya me juzgaron por una cosa que ni sabía lo que era... me dijo que me vaya... me dio una advertencia y... solo se quedó en eso... hasta hoy no sé por qué fue...". (Al. Esc. Y).

"El tipito lo distrae al guardia, le roba la llave de la entrada... y él ni va atrás del tipito... llama a la directora y ella le va a dar un sermón... no resuelve nada... aquí los chicos hacen lo que quieren... también... cincuenta alumnos dentro de un aula... ¿quién es él que va a encarar?...". (Al. Esc. 5).

"La escuela también es culpada... no impone respeto... va, da advertencia y se queda solo en eso... me parece un absurdo porque hay que tener respeto... hay que tener reglas... si la escuela no defiende ni al profesor... ¿nos va a defender? Por eso hay alumnos muriéndose dentro de la escuela... la escuela no se hace responsable en proteger a nadie... me parece un absurdo... eso acaba pesando un poco en nuestro día a día...". (Al. Esc. X).

Con respecto a las reglas, lo que se puede observar en los testimonios de los sujetos, es el equívoco relativo a la cuestión de la confusión entre poder y autoridad en el escenario escolar. La cuestión de la autoridad, proveniente del término latino *augere*, que significa 'crecer', 'desarrollar', involucra también una serie de cuestiones paralelas y no menos importantes. La dificultad en observar algunos de los espacios educativos aquí investigados como espacios donde deba prevalecer un orden internalizado con vistas al desarrollo colectivo se debe también a la frágil absorción de los impactos de los cambios ocurridos en la contemporaneidad, que ocasionó el derrumbe de la tradición, sin reemplazarla por algo consistente. Luego, retomamos las discusiones que plantean incluso el proceso de agotamiento a que se someten las instituciones:

> La aceleración vertiginosa del ritmo de vida diario es impulsada por tendencias de época: simultaneidad creada por la globalización, la mediatización de la comunicación social, la velocidad de las imágenes y la realidad "en vivo", la flexibilización del trabajo y la satisfacción inmediata del

consumo [real o simbólico]. Estos cambios tienden a vaciar al principal andamiaje del tiempo largo: las instituciones. (Lechner, 2002: 19).

Agreguemos a esto las cuestiones también previamente discutidas en los bloques anteriores sobre la debilidad de las figuras que, por su función, deberían tener un perfil de autoridad en el escenario escolar. Lo que se puede percibir en este trabajo es que las escuelas investigadas en Brasil sufren aun más que las argentinas en cuanto al "reconocimiento de las figuras de gestión educativa". De ahí también se incluye el profesor que tiene, al menos de manera imaginaria, la función de gestión del trabajo educativo en sus clases. Lo que pareció muy evidente es que la debilidad de las figuras de autoridad (con rarísimas excepciones) del campo educativo también interfiere en la asunción de las reglas que definen el espacio común.

Esta idea es también compartida por Paro (2002), que al realizar investigaciones en escuelas de gestión oficial en Brasil, observa la dificultad de sus gestores de transcender la lucha por el poder a fines de construir un espacio de convivencia pacífica donde se observe el trabajo de construcción y apropiación de la cultura por la vía del reconocimiento de la dimensión política, en su sentido amplio, reforzando su carácter dialógico y emancipador.

De esta forma, la aparente debilidad que se presenta bajo distintas deficiencias, que van desde una postura rígida relativa al significado del poder en el espacio educativo, hasta una fragilidad en el reconocimiento de su rol y de todo lo que esto implica no solo en términos de bagaje intelectual, produce un ambiente de desorientación que es por si solo un factor de preocupación de ámbito social. Esta debilidad de la institución, instaurada por la mala actuación de las autoridades responsables por su desarrollo, produce también distorsiones relativas a lo que son los "problemas de conducta" en el espacio educativo. Luego, se puede observar que en el escenario educativo investigado hay distintas miradas sobre lo que se da en llamar "problemas de conducta" y sobre las cuestiones disciplinares.

"Hemos dado una vuelta de timón… un cambio de ruta… en la escuela no impartimos solamente conocimientos… a veces nosotros nos deparamos con la violencia verbal y… o física, entre los chicos… y… tenemos que mirar esto con mucho cuidado… recordemos que… la indiferencia… la autoexclusión… la exclusión del compañero… la violencia está presente puertas adentro en cada hogar… en la sociedad… y hasta en la escuela… nosotros somos parte de esta sociedad… no hay modo de ser distinto… pero… la escuela sigue siendo la que propone otros caminos como los que ya dijimos aquí… así… por creer que la educación es una inversión a largo plazo, la escuela debe continuar en este camino… para construir una mejor sociedad… con bases claras…". (Dir. Esc. 1).

"El problema de conducta que el chico tenga acá en la escuela… o sea… es abrupto… la falta de respeto… si se trata de entender también en relación a… a este contexto en el que el chico vive… y estas carencias que tiene desde su ámbito familiar… llamamos mucho a los padres para hablar con ellos, para tratar de un poco… analizar… que es lo que está pasando en la familia y tratar de pedirles también que colaboren con el establecimiento de… algunas actitudes en el chico y… bueno… siempre tratando de mediar con la familia… y de no penalizar al chico por una falencia… de que él es… digamos… más víctima de que culpable… ¿no es cierto? Tratamos sobre todo de eso… de aplicar mucha interpretación… mucha comprensión… el chico como integrante de un núcleo familiar y… de un contexto social… que también puede mostrarse deficitario… es muy problemático... así... nunca se puede considerar la conducta de un chico aislada... entenderlo como parte y... expresión de este grupo social al cual pertenece..." (Dir. Esc. 3).

"Mirá... los chicos de aquí... los defino como buenos, pero un poco indisciplinados... comenté con los profesores que podría ser una falta... así... de clases más motivadas, más interesantes... esto es lo que he observado... porque cuando el profesor da 'aquella' clase... muy bien preparada... con mucha motivación, ahí ellos se quedan quietos... ahora... si el profesor no la prepara bien... ahí... hay indisciplina..." (Dir. Esc. 5).

"Yo veo a los chicos, constantemente reclamando límites... yo veo como que están probando a los docentes... y a la escuela... a ver si le pasa lo mismo que en su casa... si los dejan hacer lo que quieren... y cuando perciben que acá las reglas existen para que se cumplan, se chocan con eso..." (Dir. Esc. 2).

"Creo que en esta institución se trata siempre de arribar a la solución más justa de los conflictos... ayudados también... por los gabinetes psicopedagógicos y... los tutores de cursos..." (Prof. Esc. 1).

"Hoy no podemos dar más advertencia al estudiante... es muy complicado... Yo... cuando las cosas están difíciles... doy una suspensión al alumno para mi actividad... en mi clase... entonces yo digo... puede quedar fuera... hasta que yo decida que puede volver, no vas más a asistir mis clases..." (Prof. Esc. 5).

"La escuela no impone respeto desde el comienzo... ahí el profesor que llega queriendo imponer moral... hacer las cosas de manera... se cagan mismo... por eso es que hay sustituto que no quiere venir más... ahí... falta profesor y ellos nos dan tareas..." (Al. Esc. X).

"Creo que son diferentes los comportamientos que generan problemas de conducta... entre los grupos mixtos y los cursos de un solo sexo... En la escuela de varones... hay una mayor tendencia a la impulsividad... y... hasta a la violencia... que no existe en los colegios mixtos... la convivencia entre ambos sexos ayuda al autocontrol... creo yo... pero... la escuela lo maneja bien...". (Prof. Esc. 1).

"Si las escuelas adoptasen el estilo militar... iban a cambiar las cosas... porque el maestro no tiene voz... así que no resuelve quedarse luchando... llega, da su clase y se va... es así... creo que deberíamos recibir adicional de insalubridad... trabajo de alto riesgo...". (Prof. Esc. 5).

"La violencia... no... a veces hablan 'algunas malas palabras' más fuertes... ¿eh? De alumno a maestro... lo que es raro... hubieron dos casos este año... y... peleas entre ellos... sí... a veces dan un puñetazo en uno... en otro... pero tampoco no es común... mucho no... de vez en cuando tienen algunas "peleas"... de ahí... son llamados a la sala de coordinación... ahí la coordinación llama a los padres... y les dan una tarea... pero dentro de la escuela... el estudiante no va más suspendido... no se va a casa... se queda aquí... trata de hacer una actividad, una tarea, la coordinación les da algo para hacer...". (Dir. Esc. 5).

"Aquí en la Escuela de Arte, son escasísimos los problemas de disciplina... los chicos están muy contenidos por... por la terminalidad que han elegido y... por las actividades creativas a que se proponen... a veces los comportamientos impulsivos o violentos... tienen que ver con... agredir las obras que se hicieron en el taller... y son vistos como una manifestación legítima...". (Prof. Esc. 3).

"Algunos chicos de mi escuela no tienen ningún respeto... ni con la directora, ni con la coordinación y mucho menos con los profesores... igual como el año pasado...

muchas veces el alumno mandaba en la profesora... la puteaba de todo lo que existe, delante de todos y ella no podía hacer nada..." (Al. Esc. Z).

"Si un profesor no me trata con respeto, hace injusticia... algo así... ahí yo también le trato mal... le contesto mal... no me gusta la injusticia, la falta de respeto..." (Al. Esc. 1).

"Si uno ve que el otro no cumple las reglas y no le sucede nada... y tampoco va a cumplirlas porque... si hay reglas tienen que servir para todos... sino el que cumple es un débil..." (Al. Esc. 2).

"A veces las clases están re aburridas, densas... nosotros estamos sin ganas... de ahí empezamos a charlar... hacer bromas con los otros... a veces también... no sé... quieren salirse bien con los amigos... ahí hacen bromas... todo tipo de cosas... porque les importan más los amigos... que piensen que es él que manda en sí mismo... algo así..." (Al. Esc. 2).

"Pasa también que alguien no esté en un buen día... el profesor precisa saber reconocer... no pelear con uno solo para poder mandar... aquí en la escuela es tranquilo..." (Al. Esc. 3).

"Más allá del ambiente social o económico... todas las escuelas deben ser iguales... y... si no cumplen su función... de ahí se nota que... quieren estar arriba de la reglas... y esto es malo... esta escuela cambió mucho y... para mejor... se nota la diferencia en cuanto a las reglas... y... ahí nosotros cumplimos lo que nos dicen... la respetamos más... y todo va bien... al menos este año..." (Al. Esc. 2).

En cuanto a la cuestión relativa a los problemas de conducta, pudimos observar distintos recortes, que van desde una mirada que involucra la coyuntura en la cual el joven se encuentra inscrito, tratando de reflexionar dialécticamente sobre el asunto, hasta una postura rígida y determinada con anterioridad que propone "castigar" al joven proponiéndole una actividad que, además de no posibilitarle reflexionar sobre lo ocurrido, aun pierde el sentido, desproveída de un propósito que tenga por objetivo trabajar el desarrollo de su capacidad crítica.

Nos pareció que dos de las escuelas de Brasil (las escuelas 4 y 5), por el contenido de los discursos de los sujetos, así como por las percepciones anotadas en el diario de campo, trabajan con base en los presupuestos disciplinarios del control de la actividad, del empleo del tiempo y de la sanción de carácter normativo, con vistas a la manutención de un orden predeterminado, y que no tiene en cuenta la subjetividad de los actores del campo educativo. De esta manera, la cuestión de la disciplina tiene un componente foucaultiano de referencia, pues se observa que el éxito o el fracaso del poder disciplinario se debe al uso de instrumentos simples como "la inspección jerárquica, la sanción normalizadora" y su combinación en un procedimiento que le es específico: el examen (Foucault, 1975/2005: 175).

Para algunos investigadores, los problemas de conducta o las cuestiones disciplinarias tendrían como causa principal la obligatoriedad de la enseñanza, socialmente determinada por las exigencias del mercado laboral (Ferreira *et al.*, 2006; Szymanski *et al.*, 2006). Para otros, esta cuestión estaría ligada a una debilidad relativa al conocimiento y al cumplimiento del contrato implícito en la relación pedagógica (Aquino, 1998). En este sentido van las constataciones de Sposito (2001), cuando examina los diagnósticos sobre las relaciones entre violencia y escuela y apunta hacia el examen de los comportamientos tomados como delictivos como consecuencia de un conjunto de prácticas escolares inadecuadas desarrolladas en el interior de la institución educativa.

De otra manera, en las escuelas investigadas en Argentina, el discurso sobre las prácticas fue confirmado por los distintos actores del campo educativo, llevándonos a pensar en un lento, gradual y no menos penoso proceso de construcción del espacio común, donde distintas cuestiones que respectan a las normas y reglas de convivencia, que derivan en una mirada más homogénea sobre las formas de actuación y conducta de todos, son trabajadas con aportes que van más allá de la intuición y de la experiencia. Prueba de esto es que en las tres escuelas investigadas, se vivencia la construcción y reconstrucción del manual normativo de la escuela donde todos los actores, cada cuatro años, trabajan en su mejoramiento proponiendo cambios. Una idea que se aproxima a la planteada por Frigerio *et al.* cuando propone que la educación es "un componente insoslayable de la construcción social y co-productora de subjetividad" (Frigerio *et al.*, 2000: 18). Esto no significa decir que las escuelas argentinas no se ven amenazadas por la violencia y por las dificultades de manejo. Este es un problema de orden mundial y no sería responsable hacer una afirmación de este porte. Las discusiones anteriormente trabadas sobre la cuestión –apuntadas por Dufur (2009)– de que ciertas instancias colectivas –entre ellas, la escuela y la familia– son los blancos del neoliberalismo, que actúa fuertemente en su contra ya que pueden obstaculizar su hegemonía, van en este sentido.

Así, lo que se puede observar en esta investigación, en lo que respecta a las escuelas argentinas investigadas, es que ellas parecen estar un tanto más cerca de una gestión de carácter democrático, dada su ubicación en el proceso de enfrentamiento de sus debilidades. Es importante señalar aquí que este estudio no se propone hacer generalizaciones. Las realidades observadas están puestas por los datos de carácter cualitativo y cuantitativo, y son examinadas sin mayores pretensiones, a no ser relatar la experiencia vivida tejiendo las consideraciones que nos parecen pertinentes.

4.3 Las distintas lecturas acerca de la "juventud problema"

"Percibimos que los mayores problemas que son imputados a la juventud son depositados en el joven pobre... es la juventud empobrecida quien paga el precio por la falta... o por la baja cantidad... vamos a decir así... de políticas de juventud en el país... la lectura es diferenciada... es una lectura de clase... la idea general que permanece en el imaginario de la sociedad es la de que el joven peligroso es el joven pobre... es el carente... ¿qué es ser carente? ¿Carente de que? Ese término es muy ambiguo... el tratamiento dado a este joven es diferenciado... y... cambiar esa perspectiva de lectura... incluso con los jóvenes de aquí... no ha sido fácil...". (Coord. Esc. 6).

Este testimonio fue incluido aquí por representar una cuestión muy fuertemente trabajada por los investigadores de la juventud: la cuestión de la estigmatización del joven como "un problema". El testimonio de la coordinadora de la *Casa da Juventude* apunta hacia la preocupación de las instituciones en trabajar por un mirada menos reduccionista sobre las discusiones que atraviesan, de forma contundente, este grupo social. Hecho que se puede observar por la actuación de la comunidad académica en general y las comisiones defensoras de los derechos humanos, que en el afán de sensibilizar a los educadores y gestores de políticas públicas, proponen un debate más amplio acerca de las representaciones sociales sobre la población joven presentes en el imaginario social.

Un ejemplo en esta dirección es el trabajo de Zucchetti (2008), que trata de la producción de sentidos sobre jóvenes y juventudes, proponiendo un análisis más apurado sobre las interpretaciones sociales de la juventud producidas por un periódico de circulación diaria de la ciudad de Novo Hamburgo, RS, Brasil. En esta investigación, la autora puede observar que los medios de comunicación de masa se refieren a los jóvenes como un grupo ruidoso y problemático en relación con el orden social, evidenciando "un recorte de clase social que explicita, de forma prejuiciosa, que los jóvenes pobres, moradores de la periferia urbana [...] pasan a ser objeto de desconfianza" (p. 12). Concluye que las estrategias de resistencia de los jóvenes pueden ser importantes instrumentos hacia la producción de nuevas visiones y distintas sensibilidades para problematizar los hechos.

Otro estudio relativo al enfrentamiento de la idea que trae la juventud como una marca de peligrosidad es el de Chaves (2005). En este trabajo, la autora se propone analizar las representaciones y los discursos vigentes sobre la juventud argentina urbana contemporánea. Con este objetivo, promueve la descripción de la caracterización de esta categoría social que es identificada como insegura, no productiva, incompleta, desinteresada, desviada y peligrosa, solo para citar algunas referencias. Sobre la cuestión relativa a su peligrosidad, la autora afirma que la juventud "carga por *status* cronológico la marca del peligro" (p. 14), siendo este peligro potencial atacado por las políticas disciplinares y represivas del Estado, ya que "las miradas hegemónicas sobre la juventud latinoamericana responden a los modelos jurídicos y representativos del poder" (p. 9)... *y de los problemas del entorno.*

4.4 La familia

"La familia ha cambiado... y... también... ha cambiado en su forma de cumplir su rol... siempre digo que hoy la escuela es uno de los pocos ámbitos... por no decir el único lugar donde los adolescentes pueden ser escuchados… donde encuentran normas que atender… límites… así un lugar para poder preguntar, disentir… o… reclamar… un lugar donde puedan sentir que poseen un nombre… cómo puedo decir… un lugar de contención ante problemas… hasta familiares… un lugar de compartir tiempo y espacios con placidez y… con seguridad…". (Dir. Esc. 1).

"A mí me preocupa muchísimo el problema de la familia… porque yo considero que la familia es donde uno aprende a vivir y a convivir… los chicos llegan a la escuela sin una imagen clara de lo que es autoridad, de lo que es disciplina, de lo que es compartir… acá todo es compartir… compartimos un espacio… compartimos un docente que nos tiene que enseñar… y… yo veo que no traen incorporadas estas cuestiones… no hablo ni siquiera de una familia tradicional… hablo de una familia que tiene claro su rol… una familia donde los padres estén presentes en la vida de los chicos…". (Dir. Esc. 2).

"Yo creo que las escuelas tienen una cierta chapa de identidad… pero… aun así hay padres que llegan acá un poco… desconociendo los valores que se manejan acá… o vienen porque han hecho un recorrido más errático… bueno… mandan a los chicos porque algún amigo les dijo que es una buena escuela… con esto debo decirte que… y… es cierto que nuestra escuela de algún modo reúne distintos públicos… así, el total de los alumnos vienen expresando distintas formaciones desde su casa y distintas relaciones con el principio de autoridad, distintas formas de vivirlo en su hogar… pero… como esta es una escuela chiquita, los conocemos bastante… llegamos a conocer los casos… digamos que vienen con situación de mayor riesgo… y… sabemos que hay chicos con… vínculos familiares bastante… débiles… y… es como que les cuesta mucho adaptarse a una convivencia pacífica…

tolerante y con los principios que nosotros desde aquí establecemos... y nosotros sabemos que no podemos restituir... revincular familiar que el chico no posee... pero de alguna manera... cuando sabemos que hay una gran carencia de los chicos desde este lado, del lado de la familia... tratamos de contextualizar...". (Dir. Esc. 3).

"Hoy en día... es distinto... la familia... en general... no respeta las reglas de la escuela... los padres... es como que dejan sus hijos acá y... quieren que nosotros hagamos lo que ellos deberían hacer... los padres no saben cómo hacer para que los hijos los respeten... los obedezcan... y... de ahí... la escuela también sufre...". (Coord. Esc. 5).

4.5 El rol del Estado

"Nosotros percibimos que... la escuela es el reflejo de la sociedad... si la escuela está en caos... de alguna maneja está reflejando esta situación caótica en la cual la sociedad está... los valores de referencia han cambiado mucho... percibimos acá... de forma muy intensa las deficiencias... también de la escuela formal... la cuestión de la lectura... de la interpretación... la capacidad crítica... en general... vemos con preocupación la cuestión de las inversiones en educación en el país... los recursos de apoyo y... de formación de educadores... de la infraestructura escolar... son insuficientes... esto es una realidad que afecta muy fuertemente a los jóvenes...". (Coord. Esc. 6).

"Hay que pensar también que la escuela no es un espacio donde se crea una realidad aislada de su entorno... tampoco es aislada de sus condiciones materiales de funcionamiento... creer que la escuela va a sobrevivir sin inversiones es un mito... un mito muy bien plantado creo que con el objetivo de... que se yo... desmentir a la escuela en su potencial institucional... pues... la cantidad de inversión que hace el Estado en la educación es una prueba de su apuesta... o no... en el futuro... y... los países sudamericanos han enfrentado duros golpes en cuanto a las distintas miradas hacia la educación que han mostrado los administradores públicos...". (Dir. Esc. 3).

"El mundo cambió... hoy tenemos que hacernos cargo de una realidad muy diferente... de cuestiones muy diferentes de las de antes... con una estructura organizacional muy rígida... siguen las estructuras de los horarios... de los recreos... de la cantidad de alumnos... siguen las estructuras del orden... de las horas de clase... la rigidez acompaña la parte organizacional... y la parte legal... el Estado es muy burocrático... y no nos da recursos... las inversiones estuvieron muy paradas... muy paradas... tanto las inversiones en las condiciones físicas de las escuelas... que están muy malas... como en cargos... hacen falta cargos... gente que esté en la escuela... hoy ya no podemos pensar que los cursos tienen que ser de cuarenta chicos... de treinta chicos... hoy en día tenemos que trabajar... por lo menos con la población que a mí me toca aquí en la escuela... con no más de quince chicos por curso... pero eso significa que... para que la escuela cumpla su función... hay que tener más inversión... y eso no se ve... desde arriba... de las estructuras de gobierno... ellos siguen pensando en los números...". (Dir. Esc. 2).

"Yo creo que políticas de educación se producen en décadas... es un proceso a largo plazo... si cada vez que se cambia un gestor público... se cambia la ideología de la escuela... ahí... creo que esta es una buena fórmula para el fracaso...". (Prof. Esc. 1).

"Nosotros hemos reflexionado mucho sobre el lugar del Estado en relación a la implantación y la manutención de las políticas de juventud... y... yo creo... no hemos llegado a buenas conclusiones... hemos pensado en cómo garantizar algunas acciones y... en... maneras de intervenir... de intervenir para que el Estado pueda garantizar la implementación de determinadas políticas de enfrentamiento de situaciones... que representan un riesgo real a la integridad de esta población... nosotros vemos hoy que... el Estado terceriza las acciones con los jóvenes... queda mucha cosa a cargo de las organizaciones no gubernamentales... y... nosotros pensamos que no puede ser así... hoy... al gobierno le cabe solo garantizar espacios de encarcelamiento de los jóvenes... la posición gubernamental gira alrededor de la represión y del encarcelamiento... vigilar y punir... solo...". (Coord. Esc. 6).

"Lo que el gobierno quiere es que nadie estudie... esa cosa de la merienda... mandan para la escuela 23 centavos por alumno... solo un pancito cuesta 25... ¿y los predios... van a esperar que caigan en nuestras cabezas? El gobernador debería tener conciencia... o... entonces... debería abrir el juego...". (Al. Esc. X).

Bloque 5

En este bloque pudimos observar una fuerte preocupación referente a las cuestiones relativas a la familia como núcleo social primario, a las cuestiones vinculadas a las inversiones de parte del Estado en el sistema educativo, y a la definición de políticas serias para el sector. Seguimos pensando en la institución familiar como un organismo vivo y en constante interrelación con las otras células sociales, afectándolas y siendo afectada por ellas. Así, en esta discusión nos vamos a ocupar de observar los problemas sociales, familiares y educativos desde un punto de vista relacional, ya que sufren la contradicción de la imposición hegemónica asociada a formas determinadas de organización y movilidad, hecho que "plantea problemas nuevos a las agencias tradicionales encargadas de la formación de la subjetividad" (Tenti Fanfani, 2007: 36). Con relación a la crisis en el sector educativo, mucho se ha discutido sobre la insuficiencia del sistema que, incapaz de promover una educación de calidad, aun fallaba en la formación de las competencias básicas de los alumnos, quienes al fin y al cabo podrían funcionar como herramientas en el trabajo de construcción de proyectos a largo plazo. En la actualidad, las discusiones giran alrededor de las viejas cuestiones aún por resolver, agregándose dos más: "La escasez de estrategias alternativas democráticas de transformaciones educativas viables", resultando en la implementación de políticas de educación de carácter neoliberal (Filmus, 2000: 57), y "la penetración de la lógica del mercado como una novedad en las formas de regular las oportunidades educativas" (Braslavsky, 2000: 43). Luego, la presencia de la lógica neoliberal en el campo educativo tuvo como consecuencias la fragmentación, la segmentación y la desregulación de los sistemas educativos, desvelando un horizonte sombrío de posibilidades para el sector.

De esta manera, para la autora, reivindicar al Estado no es suficiente, ya que se necesitarían cambios estructurales a fines de transformar su cotidianeidad, y de ahí, repensar los procesos y las prácticas que no le permiten avanzar, pues de acuerdo con ella, las lógicas educativas predominantes en América Latina inhiben su transformación, ya que los procesos diseñados para ejecutar políticas pasan por un proceso de embotamiento: "Los mecanismos de contrataciones cumplen muchas veces más con la finalidad de que se gaste menos de lo asignado, que con la de garantizar la posesión de méritos pertinentes para resolver ciertos desafíos (Braslavsky, 2000: 53).

A fines de reflexionar sobre estas cuestiones, la autora propone una metáfora que parece muy consistente: observar los actores del escenario estatal (ahí se incluyen los burócratas del campo educativo) como personajes de un teatro y que actúan a partir de una lógica caricaturesca que tendría, entre otros, cinco modelos distintos que pueden complementarse. Estos modelos de comportamiento, a mi entender, también pueden ser aplicables a los modelos de familias existentes en la contemporaneidad. En escena, las metáforas:

1. *La actuación del ET*, cuya función comienza cuando el sujeto entra al ambiente escolar y termina cuando se va. No hay antes ni después. Solo una actuación mecánica y sin compromiso. Uno de los testimonios de los profesores investigados va en este sentido, y la expresión de una coordinadora con respecto a la actitud de la familia ante el joven en la escuela también ejemplifica este modelo postural.
2. *La búsqueda del fusible.* Esta actuación muestra una postura de culpabilización de un determinado actor o de un grupo de actores, sin tener en cuenta la coyuntura. Así, si la función sale mal, hay que cambiar a alguien, pues "los procesos, las orientaciones, las definiciones de política y los modos de hacer en el ambiente educativo no tienen nada que ver" (p. 52). Observamos en este trabajo, a partir del testimonio de una directora, una posición muy cercana a esta en el ambiente educativo. En la familia se observa esta postura de culpabilización del hijo que no responde a las expectativas, transformándolo en objeto de discordia entre los miembros de la familia, así como también en el ambiente educativo, donde se culpabiliza a menudo al profesor que no cumple bien su función educativa.
3. *El ejercicio de gratitud.* Esta actuación refleja el ejercicio del nepotismo, tan común en los países en desarrollo,

y es bien cercana de las posturas de los burócratas educativos que prefieren tener funcionarios sujetados a un poder central en lugar de colaboradores con capacidad crítica.
4. *La dependencia del apuntador*. Esta actuación elimina las reflexiones sobre la praxis educativa. Los sujetos se quedan en la dependencia de quien les diga qué hacer y cuándo cambiar, ya que "lo que importa es mi actividad y no el resultado de la actuación" (ibíd.). Este tipo de postura también se observa en la familia, especialmente en las de clase media cuando transfieren el cuidado de hijos a "los expertos" que explotan a los miles en la contemporaneidad.
5. *Me niego a improvisar* (la postura relativa a la jerga). Este tipo de actuación muestra una incapacidad de reflexionar sobre su rol: si viene todo listo, ¿para qué reaccionar? Creo que el término improvisar aquí tiene la función de representar una postura de búsqueda de otros caminos, aún no intentados y que van en dirección de la mejoría de la calidad de vida de todos los involucrados en el proceso.

La autora concluye que no hay recetas, ya que ellas podrían tornarse obstáculos al crecimiento, quedándoles a los sujetos la decisión de luchar por un trabajo en conjunto, aceptando los aciertos y los errores como parte del desarrollo de construcción de un proceso que debe objetivar el bien común. No hay que dudar que estos sabios consejos también quedan como guantes en la familia contemporánea, severamente atacada por la lógica individualista y sectaria.

4.6 Para no decir que no hablé de las flores

"Nosotros acá estamos ocupados fundamentalmente en trabajar la dimensión de la persona que hay en cada joven...

es un proceso de formación integral... no es el sujeto fragmentado, sino un todo... nosotros queremos saber quién es este joven... de dónde viene... cuáles son sus referenciales... y... a partir de las actividades de artes... o... específicas de capacitación... trabajar con él su proyecto de vida... hacerlo pensar en lo que desea... y proyecta... para de aquí a uno, dos, tres años... intentaremos hacerlo parar un poco para reflexionar sobre su propia vida... su historia hasta aquí... y pensar sus elecciones... nosotros nos preocupamos mucho con esta cuestión... las actividades tienen sobre todo un... un fondo de reflexión política... porque... la transformación... más allá de ser personal... también tiene el poder de alcanzar el colectivo... la comunidad... para... salir del individualismo... ir en la dirección del otro... establecer relaciones consigo y con los otros...". (Coord. Esc. 6).

"Yo pienso que toda cultura es un sistema de vida... de caminos centrales... de otros laterales... de valores superiores... de otros inferiores... y... en el medio está el hombre... que... diariamente debe ejercer su libertad... su libertad de elegir... y esta es la propuesta que sostiene el ideario de nuestra escuela... que... que nuestros alumnos ejerzan su libertad... pero... con responsabilidad, y por ende la mayoría del personal de esta escuela... se adhiere... o sea... la mayoría ejerce la autoridad teniendo presente los derechos del otro... a través del diálogo... de la reflexión... y... algo que es muy importante... hacerlo por el camino del afecto...". (Dir. Esc. 1).

"Tenemos buenas noticias... del Ministerio... hay un nuevo reglamento... que... establece que las escuelas deben construir un régimen de convivencia... un acuerdo de convivencia... y... cada escuela tiene que hacer lo suyo... que esté consensuado... con los alumnos... con los profesores... por supuesto con todas las autoridades de la escuela... y... para tratar de explicitar algunas pautas de las que los alumnos también se puedan hacer partícipes... y... nosotros estamos justo en este momento aprobando el régimen de convivencia que se ha consensuado con los alumnos y los profesores... ahí hay pautas que me parece que son muy superadoras al sistema que había antes... porque ahora se reúne esta junta de convivencia formada por alumnos, profesores, el regente y el gabinete psicopedagógico... entonces... entre todos... se va a analizar la situación conflictiva y se va a intentar que haya una toma de conciencia de parte de los autores... protagonistas del conflicto... para que hagan una tarea reparadora... y... después... eventualmente... si cabe... se ven razones para esto... sugerirán a los directivos alguna sanción... el directivo tendrá que decidir... como antes... pero con nuevos aportes... con el aporte del trabajo de la junta... porque... en principio ya hay todo un grupo de personas que va a interpretar un marco normativo que acordaron previamente y... yo creo que esta es una práctica que va a ser muy formativa para los alumnos... esto me parece que enseña... que educa... me parece que es una instancia de carácter mucho más formativo de lo que teníamos antes... estamos así... por aprobarlo y hacerlo público en la escuela... yo creo que son buenas épocas estas para trabajar en la escuela... yo estoy muy contenta...". (Dir. Esc. 3).

"Hoy una de las grandes cuestiones de la institución es la formación del proceso grupal... de cuidar de estas cuestiones de los jóvenes insertados en otros espacios... y... como ellos se relacionan con estos otros espacios... y... también... pensar cómo estos jóvenes intervienen en el espacio social por la cultura... pensar con ellos los modos como... por ejemplo... los modos como la juventud se posiciona en la cultura *hip hop*... en el *graffiti*...porque el arte... la educación... las expresiones culturales... son...

ante todo... espacios de emancipación... esto para nosotros aquí es fundamental...". (Coord. Esc. 6).

"Mi esperanza es que... creo que empezó a marchar el cambio... y ya no tiene vuelta atrás... me parece que eso tienen que darse cuenta todos... de que hay un cambio y tenemos que trabajar juntos... la lucha por mejores condiciones de trabajo ya ha generado frutos... ya hay algunos programas... que proponen nuevas formas de lectura de la carga de trabajo docente... proponiendo... por ejemplo... que de esas 44 horas cátedra... diez horas el docente no las cumpla frente al alumno... las cumpla en la institución, pero de manera menos mecánica... para eso están capacitando a los docentes... esto es muy bueno...". (Dir. Esc. 2).

"Yo creo que la escuela es importante... si pudiera elegir... si alguien me ofreciera la posibilidad de no cursar la secundaria... yo no aceptaría... yo pienso que es importante estar en la escuela... y hay cosas buenas... están los amigos... algunos buenos profesores... que se esfuerzan... hay materias que no conocemos desde la primaria y que son importantes... hay cosas buenas...". (Al. Esc. 4).

Cerramos estas discusiones presentando los discursos de los sujetos, presentando su esperanza en un devenir que traiga, además de nuevas responsabilidades a los actores del campo educativo, un tanto más de confianza en el proceso de construcción de una nueva visión hacia una realidad emancipadora en el campo educativo. Confianza en un movimiento que, más allá de todo, trabaje en el sentido de posibilitar la maximización de la capacidad crítica de todos los actores involucrados en el proceso formativo, a fines de promover la resistencia a una postura de enajenación, que tanto debilita el sentido de la experiencia singular, como descalifica el ejercicio del consenso en la construcción de espacios comunes.

Discutimos largamente aquí un fenómeno de cambio de representaciones que puso en marcha fuertes transformaciones en los sentidos y significados asignados a la escuela. Uno de estos movimientos impulsó la implementación de la idea de privatización de las esferas sociales, debilitando las representaciones sobre lo colectivo y la importancia del sentido común en la vivencia en comunidad. Los límites a la expansión de esta "corriente" (para usar un eufemismo) solo emergerán gracias a la capacidad de los actores sociales de operar la transformación del espacio educativo.

La postura de rechazo a un modelo dominante de instrucción obligatoria de masas, construida históricamente en las representaciones calcadas en las formaciones sociales del ámbito capitalista, es una postura necesaria para la construcción de una cultura escolar que privilegie al humano, y por lo tanto, que tenga a la ética como un valor superlativo.

Conclusiones

Comprender algunos elementos que componen el proceso educativo (los atores sociales, el conocimiento, la organización de las disciplinas, las condiciones físicas de la escuela, las normas establecidas en su interior), así como los factores que influyen en el reconocimiento de las figuras de autoridad en el ambiente educacional en la contemporaneidad fueron los objetivos de esta investigación. Para eso se realizó una amplia revisión bibliográfica sobre la temática "autoridad", teniendo también por referencias las categorías "contemporaneidad" y "juventud". Con las herramientas conceptuales en mano y con una más profunda visión acerca del escenario social delineado en la actualidad, realizamos la investigación de campo cuyos instrumentos se prestaron a promover un conocimiento objetivado acerca de la identidad social de los jóvenes, así como de los distintos actores sociales que operan en el campo educativo. Sobre los resultados derivados del proceso de investigación y relativos a la condición de autoridad, temática trabajada en profundidad, comento a continuación.[2]

La conformación de las categorías analíticas

Las 358 encuestas aplicadas en las seis escuelas investigadas generaron distintas respuestas sobre la representación de autoridad. En el tratamiento de los datos se pudo

---

[2] Parte de estas conclusiones compone las consideraciones finales del libro *Juventud y autoridad: consideraciones sobre el sujeto de la autoridad para la juventud contemporánea*, de la misma autora. Esta obra presenta la revisión bibliográfica sobre el tema en cuestión y trae algunos datos de este proceso de investigación.

observar que los jóvenes estudiantes (tal como se ve en la tabla 7, anexo W) eligieron cuarenta distintos términos para designar autoridad, que fueron clasificados en cinco categorías diferentes. A fines de identificar las características más cercanas a la representación de autoridad para los jóvenes investigados, trabajamos los datos recogidos en el instrumento de la metodología cualitativa aproximándolos a los datos recogidos en los testimonios de los jóvenes por la vía de la técnica de grupo focal.

En las dos, el término que más tuvo regularidad de presentación es *respeto*, que vino a configurar el 25,4% de respuestas en la aplicación del instrumento, y añadiendo a este dato el porcentaje de jóvenes que consideró el término *responsabilidad* como más cercano a la representación de autoridad (el 9,7%), tenemos un total del 35,1% de respuestas que aproximan la idea de autoridad como ligada a una actitud de cuño ético.

Así, pudimos concluir que la figura de autoridad para buena parte de los jóvenes investigados necesita reconocer a sus interlocutores también en un sentido transversal de autoridad, un sentido que denote la actitud de aceptación del otro, reconociendo su derecho a voz. Las respuestas de los jóvenes también apuntaron hacia la identificación de una figura de autoridad que se refiere a la alteridad, cuando eligieron los términos *actitud, ejemplo, merecimiento, justicia, comprensión, equilibrio, carácter, protección* y *educación* (en el sentido de tratarlos con amabilidad y respeto) como referenciales igualmente importantes a dicha figura.

Esta representación de autoridad se aproxima mucho a aquella propuesta por Arendt (1960/1992a), cuando plantea a la condición de autoridad en un ambiente prepolítico como una condición de desigualdad legitimada por la creencia y la confianza en la responsabilidad que uno asume delante de los más jóvenes, en el sentido de garantizarles un lugar en el mundo, reconociendo en ellos sujetos aún en crecimiento y formación.

Por otro lado, la elección de los términos relativos a la categoría 4 (ver anexo correspondiente) como los más representativos de la autoridad para un gran grupo de jóvenes nos muestra una distinción con respecto a la idea de autoridad planteada en la elección anterior, donde el poder implícito en la condición de autoridad no deriva del dominio, sino del ejercicio llevado a cabo a partir de la capacidad de iguales de establecer propósitos comunes y, de forma cooperativa, realizarlos.

Esta representación de la figura de autoridad como una figura de mando y dominación puede reflejar la idea de que, siendo la sociedad, en sus varias dimensiones, prepasada por relaciones violentas, la escuela, como institución social, no estaría salvaguardada de la emergencia de este fenómeno en su interior. Al contrario, por mantener expedientes que reflejan la violencia simbólica, tanto por la vía del discurso como por la vía de la cronificación de distintas fallas en su interior, la escuela termina por perpetuar relaciones violentas y desiguales. Esta desigualdad se observa no solo en su estructura, sino también por los prejuicios que sostiene y hasta por su resignación en lo que concierne a la insuficiencia de su actuación relativa al rol que le compete. El modelo de la escuela de gestión oficial, en los dos países investigados, en que pesan las diferencias, representa la señal de su sujeción en una relación que es, al fin y al cabo, un reflejo de la exploración del mundo contemporáneo.

La violencia ocurre también en las escuelas de ámbito privado, por el incentivo a una competitividad sin límites y deshumanizante, y por el emprendimiento de un modelo que clasifica a todos los actores sociales de manera –no raras veces– perversa y cruel, creando una geografía escolar distinta y engendrando eventos de violencias innombrables contra el otro. No son pocas las discusiones (Auyero, 1993; Braslavsky, 2001; Bauman, 2009) que muestran a la escuela secundaria (vista por el joven) como un hiato, un compás de espera, un rito de pasaje rumbo a algo mayor, tomando la dimensión de un expediente meramente burocrático. Esto se da en función de que la institución educativa ha cedido espacio en un imaginario social que la representaba como el campo de la cultura, para asumir el lugar de un espacio de formación de orientación pragmatista, con vistas a la profesionalización. En este sentido, la autoridad, representada por una perspectiva utilitarista, para mantenerse, necesita de expedientes distintos, y entre ellos, podemos citar el poder de mando y la capacidad de dominación.

Esta lectura hecha por el grupo que optó por figurar la cuestión de la autoridad como referida a una postura de poder y dominación se aproxima más a una lectura foucaultiana de la representación de autoridad en las instituciones de molde disciplinario (entre ellas, la escuela, los hospitales, la prisión), donde la relación de poder es representada por una relación desigual de fuerzas que envuelve la coerción y la dominación como estrategias de manutención de su potencial de sostenimiento de un patrón de sumisión. Foucault también realzó en sus escritos la idea de que toda dominación provoca un movimiento de resistencia, que también es una forma de poder, ya que el contrapoder también se caracteriza por su condición coercitiva. Esta idea encontramos muy fuertemente planteada en su obra *Vigilar y castigar*. En sus últimas obras (cuando investigó más profundamente las cuestiones de cuño moral), el autor intentó comprender la posibilidad de una subjetivación que no necesitara pasar por la sumisión; o sea, que el sujeto pudiera subjetivarse en un cuidado de sí y no meramente en una situación de sujeción a las instituciones, invirtiendo el giro de sus reflexiones.

De este modo, podemos concluir que los jóvenes hablan de una representación de autoridad tanto ideal, como expectativa de una vivencia próxima a un modelo humanizado de convivencia social, como también de una autoridad vivenciada donde la presión por la adhesión al modelo social hegemónicamente determinado es una realidad experimentada y tomada como violenta y opresora. Sin embargo, una realidad contra la cual también se lucha utilizando las armas de que disponen. Los discursos de los jóvenes, relativos a las estrategias de enfrentamiento a las reglas, las normas y los órdenes sin significado, y a los cuales se ven sometidos, pueden ser tomados como ejemplo:

> El tipito lo distrae al guardia, le roba la llave de la entrada... y él ni va atrás... llama a la directora y ella le va a dar un sermón... no resuelve nada... aquí los tipos hacen lo que quieren... también... cincuenta alumnos dentro de un aula... ¿quién es que lo va a encarar? (Al. Esc. 5).

Así, hasta que las distintas instituciones educativas intenten crear un espacio compartido tributario de una palabra autorizada, reconocida en su potencial simbólico, los jóvenes van luchando y defendiéndose de las instituciones que deberían protegerlos. Ahí también podemos involucrar a la familia, ya que mucho se habló de este núcleo social como importante aporte cuando se intenta comprender la cuestión de la construcción del principio de autoridad en la contemporaneidad. Sobre una amplia conexión tejida en los distintos ámbitos de la vida del sujeto también nos recuerda Arendt:

> Hay una conexión entre la pérdida de autoridad en la vida pública y política y en los ámbitos privados y prepolíticos de la familia y de la escuela. Cuanto más radical se torna la desconfianza ante la autoridad en la esfera pública, más crece, naturalmente, la probabilidad de que la esfera privada no permanezca incólume. (Arendt, 1960/1992b: 140).

Investigaciones cercanas

El proceso de investigación llevado a cabo en este trabajo también nos permitió observar que muchos de los datos recogidos en la encuesta y posteriormente tratados presentaron regularidades con la investigación llevada a cabo por la Universidad Católica de Córdoba (Carena *et al.*, 2006). Esta investigación, que aporta datos sobre los intereses, las realidades y las inquietudes de los jóvenes cordobeses, presenta una aproximación relativa a la situación laboral de los jóvenes: en la encuesta de la Universidad Católica de Córdoba (UCC), el 41% de los jóvenes manifiesta haber trabajado en alguna oportunidad o estar desarrollando una actividad laboral. En nuestra encuesta, el porcentual fue muy cercano: el 40,2% (ver anexo H). También en relación con la conformación del hogar, las dos investigaciones apuntaron hacia el grupo familiar como marco de convivencia para los jóvenes. De ahí, el núcleo central se da por los padres y los hermanos. En la encuesta de la UCC, el 74% de los jóvenes vive con ambos progenitores; mientras en nuestra encuesta, el 83,6% de los encuestados vive con uno de los padres o con la pareja (ver anexo G).

Los datos referentes a las representaciones subjetivas relativas a la escuela también presentan gran proximidad: tanto en la encuesta de la UCC como en esta investigación, los jóvenes asignaron un importante valor a la escuela, pero en sus discursos se puede observar que este valor es del orden del imaginario, por lo que la escuela se representa como institución que permanece a lo largo de los siglos, y no tanto como experiencia individual. En este asunto, los investigadores de la UCC concluyeron:

> La valoración positiva de la formación recibida [e informada por los jóvenes cuando contestaron que la escuela secunda-

ria puede ser considerada buena o muy buena para el 83% de ellos] no tiene que ver con el funcionamiento real de Sistema Educativo [...], sino con el sentido de pertenencia que los estudiantes desarrollan con sus escuelas. Esto lleva a pensar que la evaluación que efectúan de la enseñanza se funda, más bien, en apreciaciones afectivas que en juicios objetivos. (Carena *et al.*, 2006: 58).

Esta percepción es muy cercana a las conclusiones a que llegamos en este trabajo. Además de las distinciones de evaluación de las dos poblaciones investigadas, donde los alumnos brasileños presentaron valores más bajos en todos los temas investigados en el bloque 3 (ver anexos L y M), también afectados por las condiciones singulares de sus instituciones y una desesperanza en cuanto a los rumbos de la escuela (de parte de los estudiantes brasileños), sin embargo, asimismo presentaron un alto valor relativo a la apuesta en la institución educativa como espacio que debe favorecer el crecimiento individual y cultural de los sujetos. Es una posición ambivalente, ya que juega con las representaciones de lo aprendido (discursos externos) y de lo vivido en la escuela.

Otro de los interrogantes planteados y que tiene mucha proximidad con la encuesta de la UCC (2006) es relativo a la característica que debe tener una figura de autoridad: para la encuesta, una persona que figure como modelo debe serlo en función de su conducta para el 63% de los jóvenes. En esta investigación, la respuesta relativa a quién tiene actitud y merece ser imitado obtuvo el mayor porcentual de elecciones, quedando en el 38,9% de las respuestas (ver anexo S).

Un dato que nos causó preocupación se encuentra ubicado en el bloque 4 y tiene que ver con la pregunta "¿quién tiene el derecho de establecer normas en relación con usted?" (ver anexos T y U). En este asunto, los jóvenes argentinos eligieron a la familia y a la escuela como las instituciones a las cuales pertenecen las figuras a quienes más deben obediencia. Los jóvenes brasileños, distintamente, eligieron a los operadores de la justicia (abogados, jueces y la Policía) como figuras a quienes deben obedecer aun en grado más alto que lo relativo a los agentes educativos. Este puede ser un dato cuya emergencia en este trabajo se refiera a la invasión del ambiente educativo por parte de fuerzas externas a su campo de actuación, y en nuestro entendimiento, debe ser interpretado con rigor y responsabilidad por aquellos que se interesan en comprender e intervenir en las políticas del ámbito educativo.

Con respecto a la aproximación a la investigación de la UCC, tenemos los datos relativos a los comentarios adicionales referentes a la cuestión de la autoridad, que muestran informaciones importantes: los temas *respeto* y *responsabilidad* fueron los más votados como características relativas a la condición de autoridad, dándonos a entender que los valores ligados a la alteridad son los más importantes en la visión de los jóvenes para que uno sea considerado un modelo a seguir. Estos datos fueron comentados anteriormente y, en conjunto con la interpretación de las otras informaciones, como las respuestas de los jóvenes investigados por el grupo de la UCC, nos ofrecen importantes aportes para comprender los factores que afectan en el reconocimiento de las figuras de autoridad en la contemporaneidad.

Los datos sobre la cuestión relativa a los aspectos que influyen en la construcción de la figura de autoridad suministrados por Greco (2007) también son muy cercanos a los emergidos en este trabajo investigativo. La autora trata sobre la cuestión de la autoridad pedagógica, y en este terreno, comenta sobre las intensas transformaciones de la familia contemporánea y su lucha por mantener la función que, en el límite, se podría definir como la condición para que se instaure "una ley fundamental, humanizadora, creadora de un lazo indispensable para la vida subjetiva" (Greco, 2007: 121). La autora trabaja la cuestión de la autoridad, al fin y al cabo, como tributaria de la palabra, y así, como una metáfora de habilitación tanto dirigida a los adultos como a los más jóvenes. En este sentido, al comentar sobre los desafíos de la "autorización", que sería este movimiento en dirección a la autoridad y su función, trae importantes aportes de la psicoanalista Piera Aulagnier, cuando trata sobre los presupuestos relativos a lo que denominó *La violencia de la interpretación*.

Para esta última, "todo sujeto nace en un 'espacio hablante'" (Aulagnier, véase Greco: 124), siendo este el hábitat donde el *yo* se construiría y construiría el lazo con el *otro*. La cuestión es que el sujeto, desde su nacimiento, es subyugado tanto por un patrón de violencia denominado "primario", que es constitutivo y promueve la emergencia de la subjetividad, y por lo tanto "funda" el sujeto (la autora nombra a este movimiento importante y "bien intencionado" de violencia, pues considera que es una acción no autorizada por el otro, y por lo tanto, invasiva delante de un ser aún sin defensas), como por un patrón de violencia denominado "secundario", que es opuesto a la subjetivación y se caracteriza por el exceso, y por lo tanto, por un ejercicio de poder abusivo sobre el otro.

Así, la violencia secundaria se identifica por ser un decir sobre el otro de cuño perverso, pues abre camino a la violencia apoyándose en un proceso primario fundamental en la constitución del sujeto, y por lo tanto, abre camino sobre una función simbólica. Por esto cala tan hondo y permite la indagación: "¿Cómo quedan ubicados esos adultos y su palabra, su relato de la vida pasada, presente y futura, en los hijos e hijas que educan?", e intenta buscar salidas para este enigma.

Es necesario transformar y reinventar ya no solo el lugar de los padres en la constitución subjetiva, sino también el de los adultos referentes de diversos tipos y las instituciones en las que se encuentran los niños y los jóvenes en el marco de vínculos y procesos de subjetivación (Greco, 2007: 128). Cuando observamos los discursos de algunos de los gestores, referentes a los jóvenes o incluso a los actores sociales de la escuela, observamos claramente la presencia de la violencia simbólica en el ambiente escolar. Esta violencia, de la cual también trató Bourdieu (2004), es también la violencia por la cual llamamos la atención de los educadores para, como concluye Greco, "comprender el ejercicio de autoridad como una relación entre diferencias" (*op. cit.*: 155). Así, más allá de tener como referente una asimetría, la autoridad da por la función del otro, por su capacidad de "instaurar un lugar de reconocimiento" (ibíd.), y por lo tanto, de subjetivación, escapando a la lógica de las oposiciones binarias y buscando una relación que reconozca la eficacia simbólica del reconocimiento de lo singular que hay en cada uno.

En este sentido también van las conclusiones de Terahata (2008), cuando al discutir los sentidos de participación y autoridad en una comunidad que desarrolla trabajos con jóvenes de clases populares, afirma la necesidad de la educación como escenario privilegiado en la actitud hacia la presentación a los jóvenes del mundo tal como es (en la perspectiva arendtiana), y no como un campo donde se aprenden estrategias de supervivencia en un espacio común predestinado al fracaso.

En su investigación con jóvenes y educadores, el término que sirvió de norte en los discursos de los investigados fue *respeto*, así como en nuestro trabajo. Esta similitud muestra la necesidad de rever los conceptos sobre la cuestión de la autoridad, de rever lo que es su huella conservadora, ya que para Arendt, autora que aportó los datos más significativos en la conformación de los dos trabajos ahora discutidos, el carácter conservador del trabajo educativo se da no por una cristalización del pasado, sino por el movimiento de búsqueda de conservación de los aspectos simbólicos –de referencia fundamental– en el reconocimiento de uno como parte de una condición que, mas allá de ser una pieza del motor que impulsa el tiempo presente, es parte de una historia y de una verdad que precede a su existencia.

Para la autora, esta creencia en una historia común, en una verdad compartida, es el motor que fortalece los sentidos que estas verdades provocan y que posibilita compartir también lo nuevo que se presenta. Es en este movimiento que reside la verdad de la educación y la razón de ser de la escuela como institución formadora. Creyendo en la fuerza de la responsabilidad, del respeto y del carácter ordenador de mundo, concluye:

> Es también por el hecho de acreditarnos siempre en la posibilidad de lo nuevo que cada generación aporta, que se configura la viabilidad de ir constantemente "poniendo el mundo en orden", de forma de preservarlo de sus creadores y de sus habitantes [...], hecho que demanda una reflexión constante respecto a la práctica educativa cotidiana. (Terahata, 2008: 134).

Reflexiones finales

Optamos por trabajar la cuestión de la autoridad eligiendo el campo de la educación como *locus* privilegiado de investigación. Lo elegimos por creer que la escuela, en las sociedades complejas, configura un espacio de luchas sostenidas por las divisiones sociales de distintos ámbitos y alcances que marcan su trayectoria, siendo así un campo fértil de investigación.

Las luchas trabadas en la institución educativa van a interferir en la representación de los elementos que componen el proceso educativo. Prueba de esto es que, hasta configurarse como un sistema público y universal, reconociéndose como una institución de carácter formador, así como una institución que por la vía de la instrucción asumiera para sí las funciones de ordenamiento social, la escuela ha sido referenciada por distintos discursos y ha vivenciado muchas rupturas internas, dada la fuerza de la influencia de estos discursos en el imaginario social.

El hecho de intentar desvelar los discursos emergidos de su interior se da en función de buscar rehabilitar a esta institución por la vía de una mejor comprensión de los factores que afectan su funcionamiento y representación, proponiendo nuevas miradas y objetivando la búsqueda de distintos dispositivos educativos que privilegien el lazo con el otro de base más ética y más humanitaria.

Así, además de creer que los resultados de esta investigación no pretenden ser conclusivos, sino promover la apertura de líneas de discusión sobre la cuestión de la autoridad y sus atravesamientos, se espera poder intervenir positivamente en el campo educativo en el sentido de suministrar propuestas de trabajo que, por la vía de un estudio sólido, propicie nuevas miradas acerca de los factores que influyen en la construcción de lazos en el ambiente educativo.

Deseamos que los datos recogidos y aquí interpretados a la luz de un recorte teórico multidisciplinario sirvan para, más allá de cumplir la función de registro de una época singular y paradojal, posibilitar muchas otras reflexiones sobre la temática de la autoridad, sus aspectos, sus características, sus lecturas, así como también los obstáculos en su constitución y manutención a aquellos que se interesan por la comprensión dialéctica de los fenómenos de la contemporaneidad.

Anexos

Anexo A

Cuestionario aplicado en las escuelas argentinas
Idioma: español
Universidad Católica de Santa Fe

	Características del estudiante
	1. Nombre (opcional):
(_)	2. Sexo: A-Masculino B-Femenino
(_)	3. Edad:
(_)	4. ¿Tenés una religión o culto? A-Sí. ¿Cuál? B-No
	Características de la familia
	5. ¿Cuál es su relación con la persona responsable por la renta de la familia?
(_)	A-Soy la persona responsable
	B-Soy cónyuge o compañero(a)
	C-Soy hijo o hijastro(a)
	D-Soy hermano o hermana
	E-Otro:
	6. ¿Usted ya trabajó?
(_)	A-Sí
	B-No
	C-Nunca trabajé, pero estoy buscando empleo
	7. Sumando la renta de todas las personas que viven con usted, ¿cuál es, de manera aproximada, la renta familiar?
(_)	A-Hasta 1 salario mínimo (_)

	B-Entre 1 y 2 salarios mínimos (_)
	C-Entre 2 y 5 salarios mínimos (_)
	D-Entre 5 y 10 salarios mínimos (_)
	E-Más de 10 salarios mínimos (_)
	Educación
(_)	8. Grado: A-1º/2º B-3º/4º C-5º
(_)	9. ¿Alguna vez ha sido reprobado? A-Sí. ¿Cuántas veces? B-No
(_)	10. Evalúe su escuela utilizando los niveles: Insuficiente (A). Regular (B). Buena (C)
(_)	10.1 El conocimiento de los profesores: (A) (B) (C)
(_)	10.2 El plan de estudios de los temas: (A) (B) (C)
(_)	10.3 La organización de las horas de clase (A) (B) (C)
(_)	10.4 Las condiciones de los salones de clase, laboratorio, cuarto de baño, etc.: (A) (B) (C)
(_)	10.5 Los miembros de la escuela: (A) (B) (C)
(_)	10.6 La dirección, coordinación y supervisión: (A) (B) (C)
	11. Consideras que los conocimientos adquiridos en la escuela son:
(_)	11.1 Adecuados a las necesidades del mercado laboral. (S) (N)
(_)	11.2 Convenientes a mi crecimiento profesional. (S) (N)
(_)	11.3 Adecuados a mi crecimiento individual y cultural. (S) (N)
	Autoridad
	12. ¿Estás normalmente sujeto a las normas dictadas por quién? ¿Con qué frecuencia? A-Siempre. B-A veces. C-Nunca
(_)	12.1 Pariente. ¿Quién? _____ (A) (B) (C)
(_)	12.2 Amigos / dirigentes de la clase (A) (B) (C)

(_)	12.3 Profesor (A) (B) (C)
(_)	12.4 Director, coordinador o supervisor (A) (B) (C)
(_)	12.5 Otros:_____ (A) (B) (C)
	13. ¿Qué es lo que considera autoridad?
(_)	A-Quien manda
	B-Quien paga las cuentas
	C-Quien tiene la actitud y merece ser imitada
	D-Quien es titular de un cargo político, legislativo, judicial o conectado a la policía
	E-No sé
	F-Otros: _____
	14. ¿Quién tiene el derecho de establecer normas en relación con usted? Conteste 3 (tres) por orden de importancia:
(_)	A-Padre, madre, padrastro o madrastra
	B-Abuela, abuelo, tía, tío, padrino o madrina
	C-Director, supervisor o coordinador
	D-Profesor
	E-Policía, abogado, juez
	F-Nadie
	G-Otro: _____
(_)	15-¿Te gustaría participar de una actividad de reflexión sobre la temática "autoridad"?
	A-Sí
	B-No
	¿Por qué?_____
	Comentarios adicionales:
	Autoridad es _____

Anexo B

Cuestionario aplicado en las escuelas brasileñas
Idioma: portugués
Universidad Católica de Santa Fe

	Características do estudante
(_)	1. Nome: _____ (opcional)
(_)	2. Sexo: A-Masculino B-Feminino
(_)	3. Idade: ____ anos
(_)	4. Você professa uma religião ou culto? A-Sim. Qual?_____ B-Não
	Características da familia
(_)	5. Qual é sua relação com a pessoa responsável pela renda familiar? A-Sou a pessoa responsável B-Sou cônjuge ou companheiro(a) C-Sou filho ou enteado(a) D-Sou irmão ou irmã E-Outro:
(_)	6. Você já trabalhou? A-Sim B-Não C-Nunca trabalhei, mas estou buscando emprego
(_)	7. Somando a renda de todas as pessoas que vivem com você, quanto é, de maneira aproximada, a renda familiar? A-Até 1 salario mínimo (_) B-Entre 1 e 2 salarios mínimos (_) C-Entre 2 e 5 salarios mínimos (_)

	D-Entre 5 e 10 salarios mínimos (_)
	E-Mais de 10 salarios mínimos (_)
	Educacão
(_)	8. Série: A-1º B-2º C-3º
(_)	9. Alguma vez você foi reprovado? A-Sim. Quantas vezes? ____ B-Não
(_)	10. Avalie sua escola utilizando os níveis: Insuficiente (A) Regular (B) Bom (C)
(_)	10.1 Conhecimento dos professores: (A) (B) (C)
(_)	10.2 A organização das disciplinas (A) (B) (C)
(_)	10.3 A organização das horas de aula (A) (B) (C)
(_)	10.4 As condições físicas da escola (A) (B) (C)
(_)	10.5 Os alunos (A) (B) (C)
(_)	10.6 A direção, coordenação e supervisão (A) (B) (C)
	11. Você considera que os conhecimentos adquiridos na escola são:
(_)	11.1 Adequados ao mercado de trabalho (S) (N)
(_)	11.2 Convenientes a meu desenvolvimento profissional (S) (N)
(_)	11.3 Adequados a meu crescimento individual e cultural (S) (N)
	Autoridade
	12. Você está normalmente sujeito às normas ditadas por quem? Com que frequencia? Sempre (A). Às vezes (B). Nunca (C)
(_)	12.1 Parente. Quem? _____ (A) (B) (C)
(_)	12.2 Amigos / representantes de clase (A) (B) (C)
(_)	12.3 Professor (A) (B) (C)
(_)	12.4 Diretor / Coordenador ou supervisor (A) (B) (C)

(_)	12.5 Outros: _____ (A) (B) (C)
	13. Quem você que considera portador de autoridade?
(_)	A-Quem manda
	B-Quem paga as contas
	C-Quem tem atitude e merece ser imitado
	D-Quem é titular de um cargo político, legislativo, judiciário ou policíal
	E-Não sei
	F-Outros: _____
	14. Quem tem o direito de estabelecer normas en relação a você? Responda a 3 (três) por ordem de importancia:
(_)	A-Pai, Mãe, Padrastro o Madrastra
	B-Avô, avó, tia, tio, padrinho o madrinha
	C-Diretor, Supervisor ou Coordenador
	D-Professor
	E-Polícia, advogado, juiz
	F-Ninguém
	G-Outro: _____
(_)	15-Você gostaría de participar de uma atividade de reflexão sobre a temática "Autoridade"?
	A-Sim
	B-Não
	Por quê ?_____
	Comentários adicionais:
	Autoridade é _____

Anexo C

Guía de las entrevistas realizadas
en las escuelas argentinas y brasileñas

1. ¿Qué entiendes por autoridad?
2. ¿Cuáles deben ser las cualidades para que alguien sea considerado una figura de autoridad?
3. En la escuela, ¿crees que se aplica autoridad legítima?
4. ¿Sientes que a los jóvenes les toca la cuestión de la autoridad?
5. ¿Qué entiendes por autoritarismo?
6. ¿Crees que hay alguna situación que permita actitudes de autoritarismo por parte de autoridades escolares y/o docentes?
7. ¿Crees que la escuela resuelve, de manera justa, los conflictos y problemas de disciplina de los alumnos y de actuación docente?
8. ¿Cómo percibes que los alumnos resuelven sus conflictos con sus compañeros?
9. Dadas las reglas del código interno de convivencia, ¿crees que los alumnos pueden hacer uso de su libertad en el espacio escolar?
10. ¿Consideras que cuando a los alumnos les permiten elegir actuar libremente lo hacen con responsabilidad?
11. ¿Qué consideras como espacio democrático?
12. ¿Sientes que la escuela es un ámbito que favorece la autonomía?
13 ¿Crees que los espacios que favorecen la autonomía obstaculizan el trabajo de las figuras de autoridad?
14. ¿Hay algo más que te gustaría comentar?

Anexo D

1. Metodología estadística

La muestra no probabilística por conveniencia fue compuesta por alumnos de enseñanza media en Argentina y Brasil, y contó con un universo de 358 jóvenes investigados; de estos, 208 eran provenientes de escuelas brasileñas y 150 provenientes de escuelas argentinas. Es necesario puntualizar que los cuestionarios fueron aplicados en 198 estudiantes argentinos, pero con respecto a la franja de edad –arriba de 15 años–, 48 cuestionarios no fueron computados en la muestra, quedando sus datos almacenados para subsidiar un trabajo posterior.

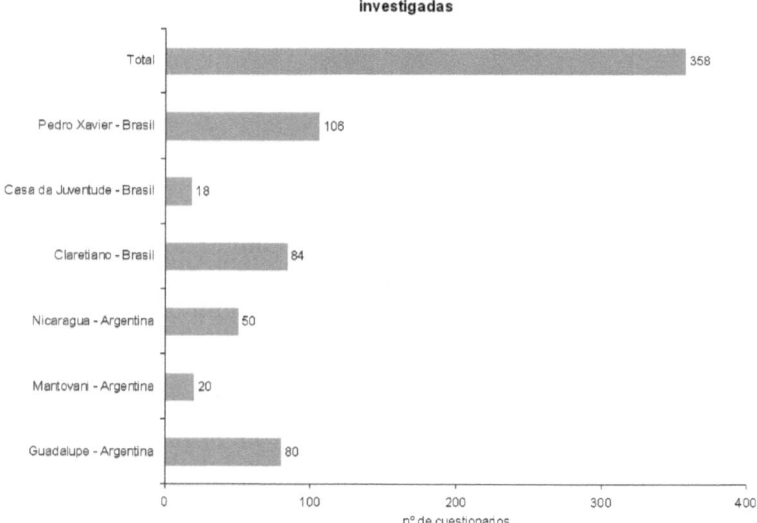

Gráfico 1 - Distribución muestral de las escuelas investigadas

Anexo E

2. Análisis descriptivo

El perfil de los jóvenes estudiantes es presentado en cuatro distintos bloques: 1. características del estudiante; 2. características de la familia; 3. datos educacionales; y 4. datos relativos a la cuestión de la autoridad.

En el primer bloque, en relación con la variable "sexo", se verifica en la muestra total que el 61% de los jóvenes investigados son de sexo masculino, siendo que la mayor contribución para este porcentual es de las escuelas argentinas, donde el 68% de los jóvenes presentaron el mismo perfil relativo a esta variable.

Esto puede ser explicado en función de que una de las escuelas investigadas tenía un público específico solo de varones hasta el año de 2008, siendo este el primer año en el cual se matricularon estudiantes del sexo femenino. Aún en carácter experimental, la matrícula de "chicas" no excede el 10% del total, de ahí la diferenciación de la muestra brasileña, que presentó un público femenino del 52% del total.

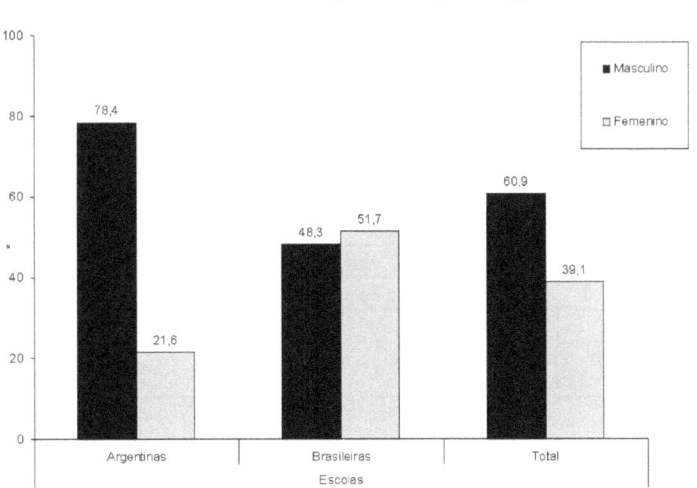

Gráfico 2 - Distribución porcentual según sexo y país

Anexo F

En relación con la variable edad, podemos observar que, en promedio, la edad gira alrededor de 16 y 16,5 años, siendo la mayor dispersión observada entre los estudiantes brasileños, cuya amplitud total de la muestra es de nueve años.

Tabla 1 - Estadísticas descriptivas de la variable "edad", según países

Edad	Escuelas		Total
	Argentinas	Brasileñas	
Media	16,2	16,5	16,4
Mediana	16,0	16,0	16,0
Moda	16,0	17,0	16,0
Mínimo	14,0	14,0	14,0
Máximo	19,0	23,0	23,0
D. patrón	1,1	1,4	1,3
C. variación (%)	6,8	8,2	7,7

En relación con la variable religión, observamos que la mayor representatividad es del catolicismo, con el 66,3%, siendo los estudiantes argentinos los que tuvieron mayor participación en este resultado con un porcentual del 82,5%. La segunda mayor respuesta es correspondiente a la religión evangélica, donde los estudiantes brasileños presentaron el 26,7% de las respuestas.

Tabla 2 - Distribución porcentual de la variable "religión", según países

Religión	Escuelas		Total
	Argentinas	Brasileñas	
Católica	82,5	54,4	66,3
Evangélica, adventista y protestante	4,9	26,7	17,5

Religión	Escuelas		Total
	Argentinas	Brasileñas	
Espiritista	1,4	2,6	2,1
Ateos	7,7	15,9	12,4
Otras	3,5	0,5	1,8
Total	100,0	100,0	100,0

Anexo G

En este gráfico, podemos observar que el grupo familiar se presenta como el marco de convivencia de los jóvenes tanto de Argentina cuanto de Brasil, siendo que el 83,6% de los encuestados respondió que vive con ambos padres o con uno de ellos y su respectiva pareja. Estos datos evidencian que el núcleo familiar es una referencia en términos de convivencia en el hogar, siendo la presencia de los hermanos también muy frecuente.

Gráfico 3 - Distribución porcentual de la variable "relación familar", según países

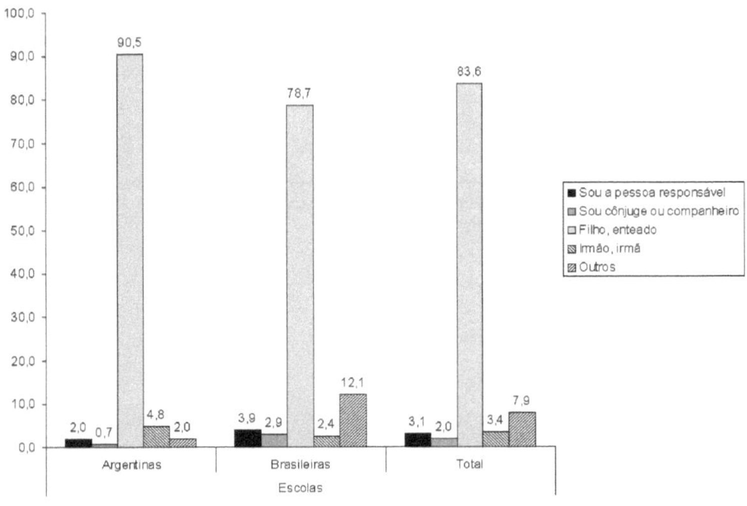

Anexo H

La distribución del porcentual de la variable "trabajo" presentó una disparidad de respuestas en las muestras de los dos países, siendo los jóvenes de Brasil los que respondieron afirmativamente a la pregunta acerca de la experiencia de trabajo anterior, que cuenta con un porcentual del 43,5%. De los estudiantes argentinos, el 57,7% afirmaron que nunca habían trabajado, siendo que solo el 6,7% afirmaron no trabajar y estar buscando empleo, contra el 31,4% de respuestas afirmativas en este tema de parte de los jóvenes brasileños.

Gráfico 3.1 - Distribución porcentual de la variable ¿usted ya trabajó?, según países

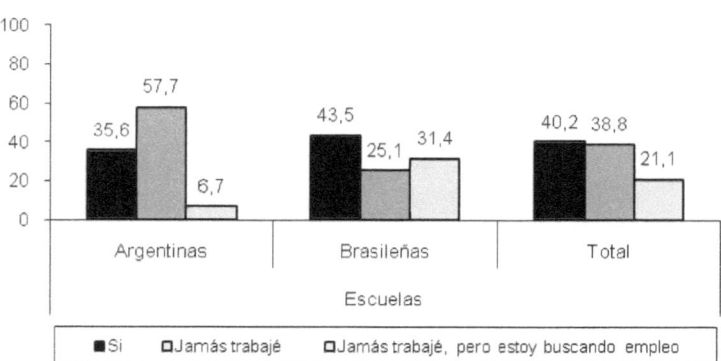

Anexo I

En relación con el conocimiento asociado a la renta familiar, el 43% del total de los jóvenes investigados ha dicho desconocer este dato. Los estudiantes argentinos presentaron un mayor porcentual de desinformación, y este dato puede ser analizado a la luz de una variable importante en la aplicación de los cuestionarios en una de las clases: los dos profesores que me acompañaban en la aplicación presentaron dudas en cuanto al real valor del salario mínimo oficial, y en función de esto, utilizamos el valor de 700 (setecientos) pesos, teniendo por referencia el del salario mínimo oficial brasileño de 465 (cuatrocientos sesenta y cinco) reales. Creemos que, por no tener un valor previamente conocido, los estudiantes se quedaron con dudas en relación con este tema.

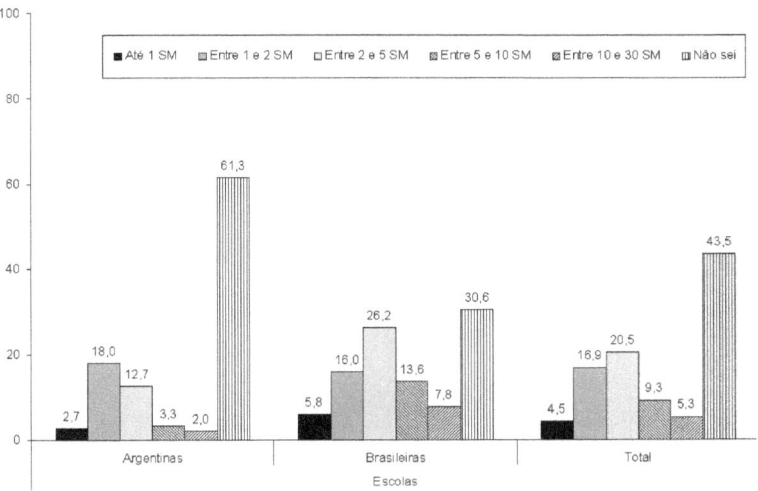

Gráfico 4 - Distribución porcentual de la variable "renta familiar" según países

Anexo J

En relación con la variable "grado", también se puede explicar la distinción de respuestas y porcentuales: en función de haber un mayor número de grados relativos a la enseñaza media –en Brasil son tres y en Argentina son cinco–, los estudiantes que marcaron la letra "b" se referían al tercer y cuarto grados en Argentina y segundo en Brasil. Así, se puede concluir que los jóvenes investigados, más allá de su grado y en su mayoría, tenían una edad de alrededor de 16 años.

Gráfico 5 - Distribución porcentual de la clase escolar - Escuelas argentinas

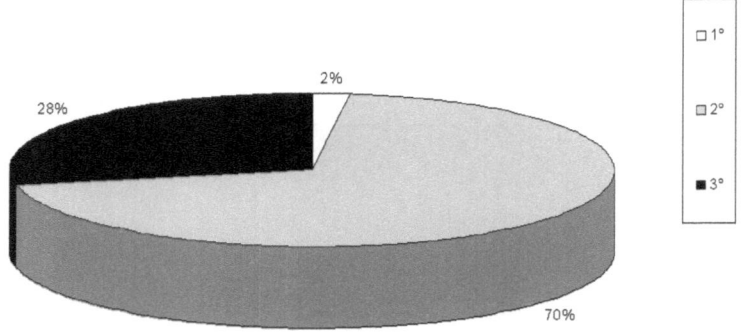

JUVENTUD Y PROCESOS EDUCATIVOS

Gráfico 6 - Distribución porcentual de la clase escolar - Escuelas brasileñas

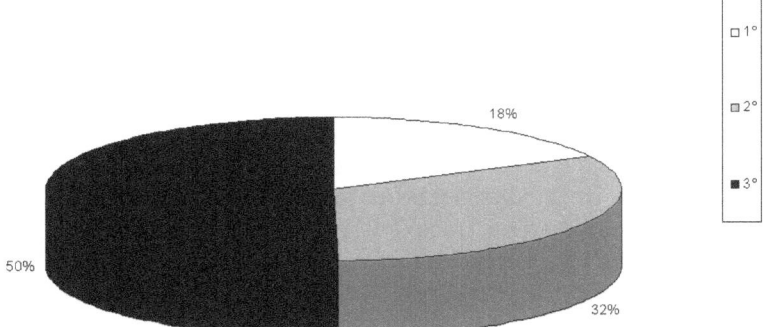

Anexo K

En relación con la variable reprobación, se observó un porcentual del 6% superior de los alumnos argentinos, a lo cual se puede agregar que hay en Brasil una fuerte corriente determinada desde el Ministerio de la Educación, por la vía de los Consejos de Educación en los tres niveles de gestión, para que trabajen con la idea de no reprobar al alumno hasta que "todas" las posibilidades de mejoría de sus promedios sean intentadas. Esta política, para muchos equivocada, hace que la aprobación sea casi una determinación, promoviendo estadísticas que a veces no se condicen con una propuesta de educación pública, universal y de calidad.

Gráfico 7 - Distribución porcentual de la variable "reprobación" - Escuelas argentinas

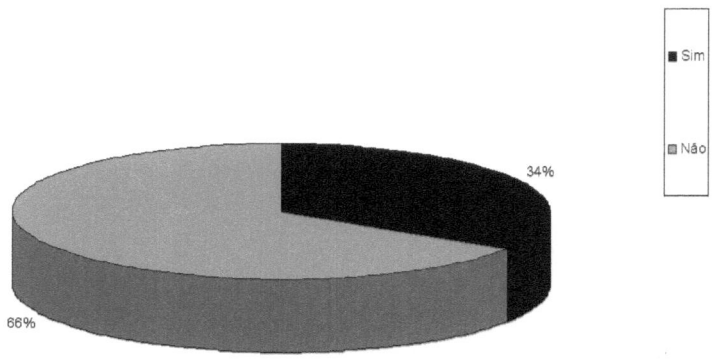

Gráfico 8 - Distribución porcentual de la variable "reprobación" - Escuelas brasileñas

Anexo L

En relación con la evaluación de algunos aspectos del ámbito educativo, observamos algunas diferencias entre los dos públicos investigados:
- El 82,6% de los estudiantes argentinos evaluaron los conocimientos de los profesores como de nivel "bueno", y los estudiantes brasileños evaluaron en el 52,7% como de nivel "regular".
- En el tema de la organización de las disciplinas, el 55% de los estudiantes argentinos consideraron de nivel "bueno", mientras que el 54,1% de los alumnos brasileños consideraron apenas como "regular".
- En cuanto a la organización de las horas de clase, el 48% de los argentinos la consideraron "regular"; un valor aproximado, del 36,8%, fue presentado por los estudiantes brasileños.

Tabla 3 - Distribución porcentual de la evaluación en las escuelas argentinas

Evaluación	Niveles			Total
	Insuficiente	Regular	Bueno	
Conocimiento de los profesores	4,0	13,4	82,6	100,0
Organización de las disciplinas	6,0	38,9	55,0	100,0
Organización de las horas de aula	6,7	48,0	45,3	100,0
Condiciones físicas de la escuela	7,5	50,0	42,5	100,0
Los alumnos	11,7	51,7	36,6	100,0
Dirección, coordinación y supervisión escolar	10,2	32,7	57,1	100,0

Anexo M

Continuando la evaluación de los aspectos del ámbito educativo investigados, tenemos:
- Los datos relativos a las condiciones físicas de la escuela nos muestran que el 50% de los argentinos evaluaron considerando el nivel "regular" como más apropiado, mientras que el 42% de los brasileños así lo definen.
- En una evaluación de sus pares, los estudiantes argentinos manifestaron en el 51,7% de los casos que consideran el nivel "regular" como más apropiado, mientras el 56% de los brasileños así lo entienden. En este tema, los estudiantes no evaluaron el nivel de amistad entre ellos, sino el nivel de aprendizaje de sus colegas.
- En cuanto a la evaluación de la dirección, coordinación y supervisión escolar, funciones relativas a la gestión educativa, los estudiantes argentinos, en el 57,1% de los casos, consideraron el nivel de trabajo como "bueno". Los brasileños, en el 53,4%, lo consideraron "regular".

Tabla 4 - Distribución porcentual de la evaluación en las escuelas brasileñas

Evaluación	Niveles			Total
	Insuficiente	Regular	Bueno	
Conocimiento de los profesores	4,4	52,7	42,9	100,0
Organización de las disciplinas	22,7	54,1	23,2	100,0
Organización de las horas de aula	27,0	36,8	36,3	100,0
Condiciones físicas de la escuela	37,1	42,0	21,0	100,0
Los alumnos	20,3	56,0	23,7	100,0
Dirección, coordinación y supervisión escolar	18,3	53,4	28,4	100,0

Anexo N

En relación con la variable "adecuación de los conocimientos adquiridos en la escuela media", los estudiantes argentinos consideraron que el 95% del conocimiento adquirido en la escuela es adecuado a su crecimiento individual y cultural, lo que denota el valor, por lo menos imaginario, que tiene el conocimiento para estos jóvenes. Además de informar que los conocimientos adquiridos en la escuela son adecuados a las necesidades del mercado laboral (68%), los estudiantes, en general, creen que la enseñanza superior es el grado que más les ofrecerá condiciones de acceso al mercado laboral, dato que se puede observar por sus testimonios presentados en la análisis de las expresiones recogidas en la técnica de grupo focal.

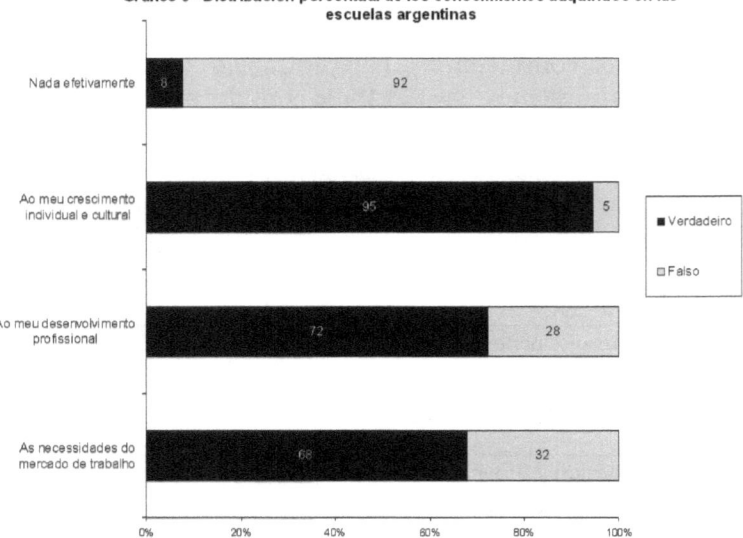

Gráfico 9 - Distribución porcentual de los conocimientos adquiridos en las escuelas argentinas

Anexo Ñ

En relación con la variable "adecuación de los conocimientos adquiridos en la escuela media", los estudiantes brasileños consideraron que el 84% del conocimiento adquirido en la escuela es adecuado a su crecimiento individual y cultural, una respuesta con valores muy cercanos a las respuestas de los estudiantes argentinos, pero con un porcentual menor. Además de informar que los conocimientos adquiridos en la escuela son adecuados a las necesidades del mercado laboral (66%), los estudiantes brasileños, en general, no creen que vayan a tener más posibilidades de acceder al mercado laboral en función de la crisis observada en el país. Vale recordar el gráfico 3.1 que informa que, de la muestra total de jóvenes brasileños, el 31,4% está en busca de empleo.

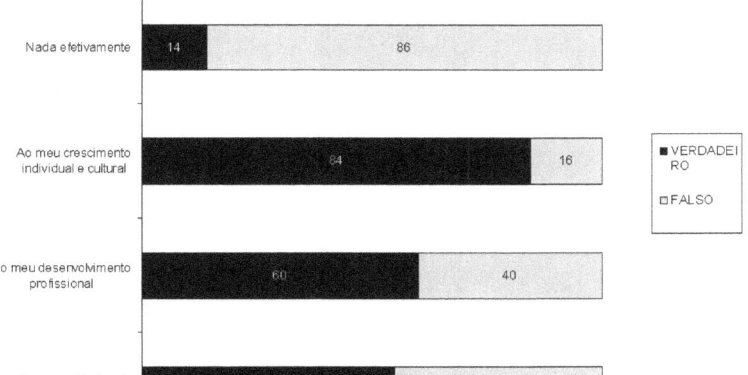

Gráfico 10 - Distribución porcentual de los conocimientos adquiridos en las escuelas brasileñas

Anexo O

Este gráfico nos presenta porcentuales muy positivos en cuanto al valor de los conocimientos adquiridos en la escuela. Esto nos prueba que, aunque estas representaciones sean del orden de lo imaginario y no funcionen en la práctica cotidiana, los estudiantes aún reconocen a la escuela como una institución importante en sus distintas funciones; a saber: de formación personal, de transmisión del saber y de construcción de pilares de acceso al mercado laboral.

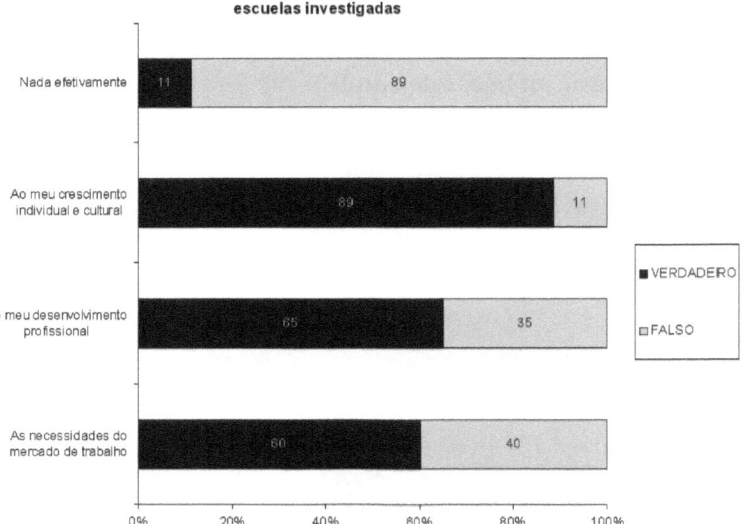

Gráfico 11 - Distribución porcentual de los conocimientos adquiridos en las escuelas investigadas

Anexo P

A partir de este gráfico, ya observamos las respuestas referentes a las cuestiones específicas a la condición de autoridad. En la distribución porcentual de los datos relativos a la figura de autoridad a la cual los jóvenes argentinos suelen acceder, ellos informaron que tienen a los parientes más próximos en grados de consanguinidad como aquellos a quienes más suelen obedecer en lo cotidiano (61%). De ahí observamos el valor de la familia y la fuerza de los lazos de afectividad como mantenedores de la aceptación de la asimetría. La escuela, por la vía de sus distintos agentes, figura en segundo lugar para esta muestra de jóvenes, que informaron que se encuentran sujetos sistemáticamente a las normas del equipo directiva y de los profesores (48 y 36%, respectivamente). Este dato confirma el análisis anterior, vinculado con la representación de la institución escuela en el imaginario juvenil de esta muestra.

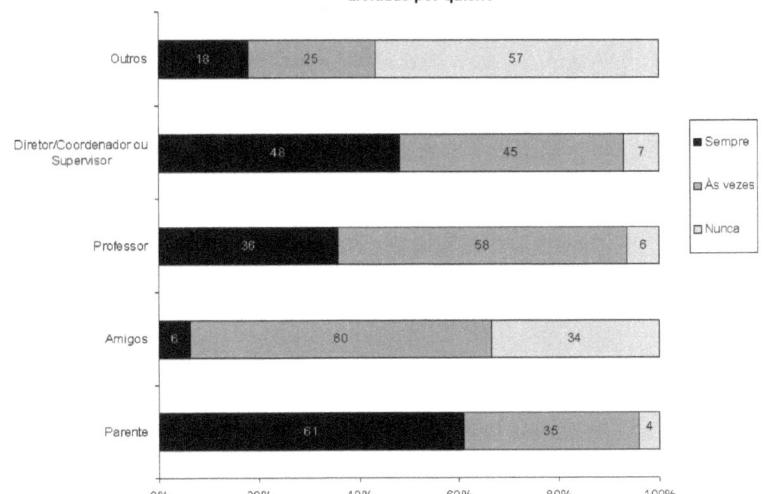

Gráfico 12 - Distribución porcentual de los alumnos en las escuelas argentinas, en relación con la pregunta: "¿Usted está normalmente sujeto a las normas dictadas por quién?"

Anexo Q

En la distribución porcentual de los datos relativos a la figura de autoridad a la cual los jóvenes brasileños suelen acceder, ellos presentaron una distribución muy cercana a las respuestas de los jóvenes argentinos, con un porcentaje livianamente mayor relativo a la familia. Informaron estar sujetos, de manera sistemática, a las normas dictadas por los parientes más próximos en un valor del 64%. La escuela, por la vía de sus distintos agentes, figura en segundo lugar también para esta muestra de jóvenes, con 45 y 34% de respuestas afirmativas. En mayor grado de frecuencia, relativas a la sumisión a las normas determinadas en esta institución.

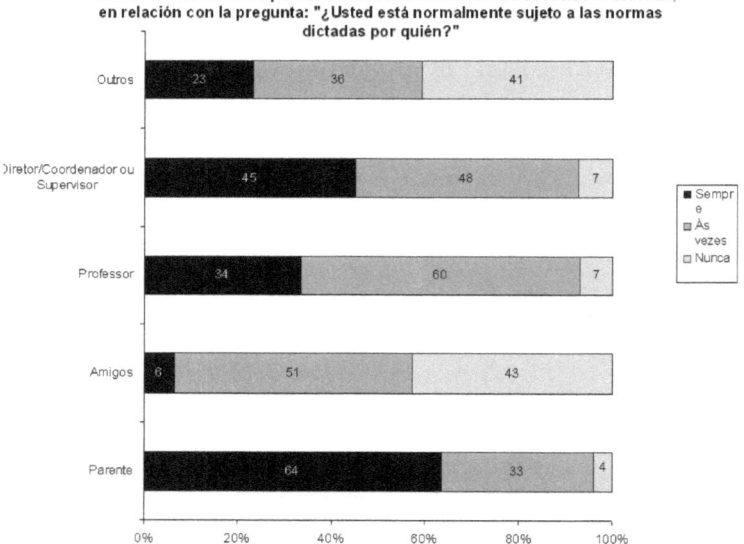

Gráfico 13 - Distribución porcentual de los alumnos en las escuelas brasileñas, en relación con la pregunta: "¿Usted está normalmente sujeto a las normas dictadas por quién?"

Anexo R

En este gráfico tenemos un dato interesante: a pesar de que hay una extensa bibliografía que nos habla sobre la necesidad del joven de estar en consonancia con su grupo, y por lo tanto, en consonancia con las reglas y normas, implícitas o no, relativas a la manera de comportarse, de vestirse, de hablar, y vinculadas a los lugares a los cuales frecuentar, para los jóvenes esta no parece ser una obligación. Luego, parece clara aquí la idea de que las reglas, cuando son elegidas en común acuerdo, no son observadas como un peso, y siendo vistas con naturalidad, quedan "invisibles" en cuanto a la necesidad de responder a ellas de manera efectiva. Se observa que, del total de la muestra, apenas el 6% de los jóvenes declaró estar sistemáticamente sometido a las reglas determinadas horizontalmente. Aun así, el 55% de los investigados declararon estar, de alguna manera, sujetos a las reglas del grupo de amigos.

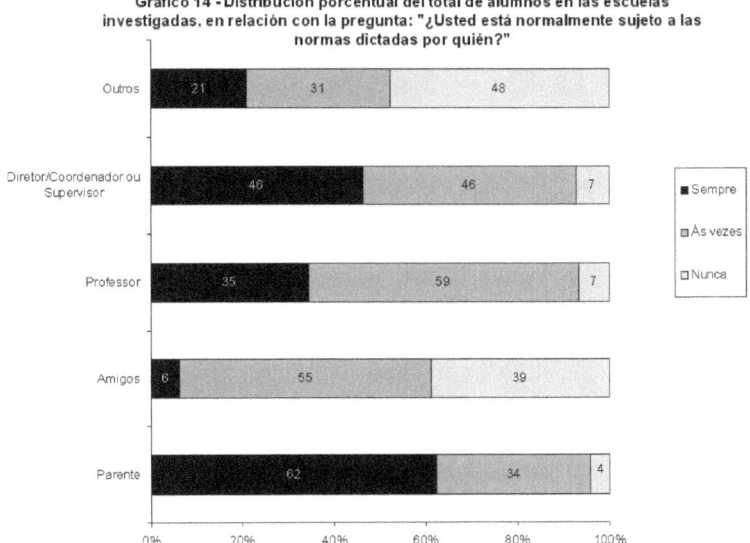

Gráfico 14 - Distribución porcentual del total de alumnos en las escuelas investigadas, en relación con la pregunta: "¿Usted está normalmente sujeto a las normas dictadas por quién?"

Anexo S

En la distribución porcentual relativa a la cualidad principal de una figura de autoridad, el 38,9% del total de los investigados respondió que es "quien tiene actitud y merece ser imitado". Fue posible observar, en esta respuesta específica, que algunos investigados añadieron, a la mano, la palabra "ejemplo". Las respuestas siguieron informando que el 20,8% cree que la figura de autoridad es la que tiene el poder de mando sobre el otro, y por fin, el 17,5% del total de los investigados creen que la cuestión de la manutención económica es un fuerte requisito en el reconocimiento de la figura de autoridad. Aun sumándose las segunda y la tercera modalidad de respuestas, prevalece la que defiende la condición relativa a un modelo o referencia como condición más apropiada a una figura de autoridad.

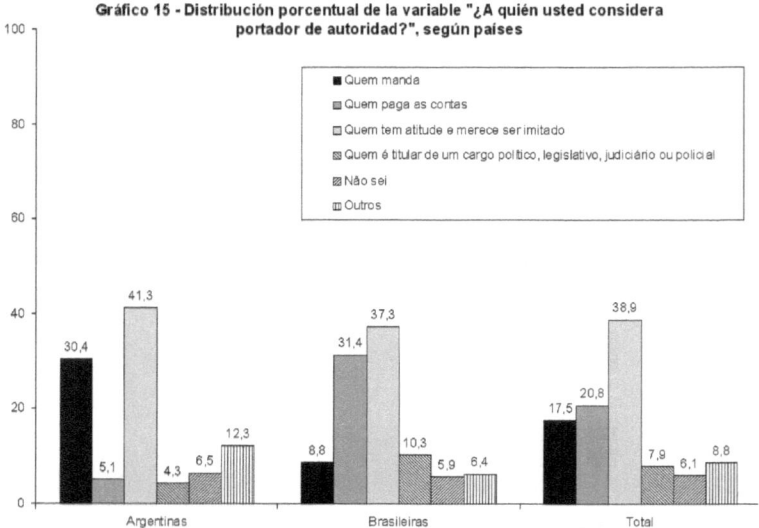

Gráfico 15 - Distribución porcentual de la variable "¿A quién usted considera portador de autoridad?", según países

Anexo T

Los datos presentados en este gráfico refuerzan las respuestas contenidas en los gráficos 13 y 14, que dan cuenta de que las dos instituciones de carácter tradicional, la familia y la escuela, siguen siendo las más representativas para la mayoría de los jóvenes investigados. Se percibe así una disposición, aunque en función de una orientación de ámbito social internalizada, de reconocer a las figuras representativas de estas dos instituciones como teniendo "el derecho" de establecer reglas en relación con los sujetos. Luego, dada esta condición (de derecho), la representación de autoridad, al menos en los discursos manifestados por los jóvenes argentinos, parece clara e incuestionable.

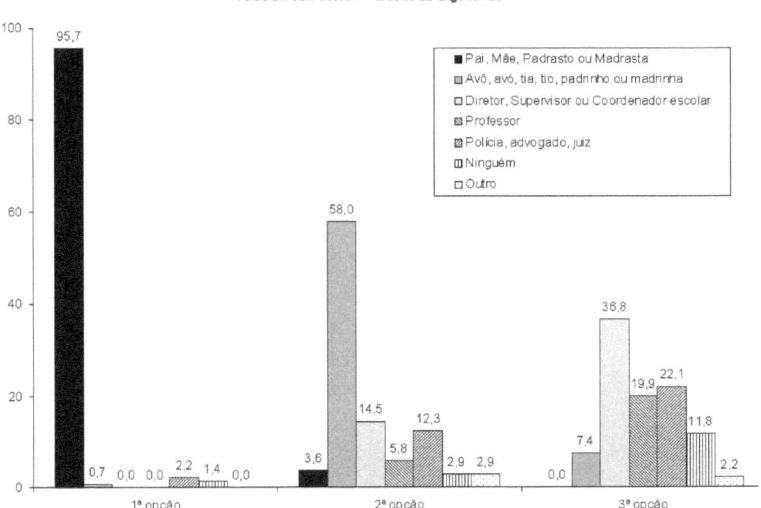

Gráfico 16 - Distribución porcentual de la variable "¿Quién tiene el derecho de establecer normas en relación con usted?" - Escuelas argentinas

Anexo U

Los datos presentados relativos a esta cuestión tienen una distinción importante: entre los jóvenes brasileños investigados, prevalece la opinión referente al derecho de los miembros de la familia de establecer o dictar las reglas a los más jóvenes. Este dato también puede ser reforzado por los datos presentados en el gráfico 16. Así, en las dos primeras opciones de respuesta, fueron elegidos miembros de la familia de primer y segundo grado, pero en la tercera opción la respuesta es distinta de la que presentaron los jóvenes argentinos: los jóvenes brasileños priorizan a los operadores de la justicia y a la Policía en el grado de reconocimiento de la condición de autoridad. Para este grupo de entrevistados, los agentes educativos quedan en cuarto lugar en grado de reconocimiento de su lugar de autoridad junto a ellos. Este dato está en conformidad con las expresiones de los jóvenes brasileños recogidas en el momento de la realización de las sesiones de grupo focal.

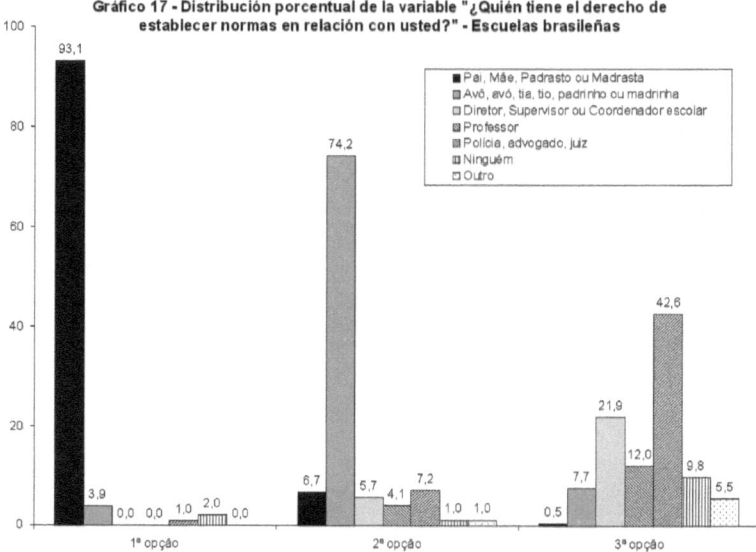

Anexo V

Por fin, en la cuestión relativa al interés en participar de un momento de discusión y reflexión alrededor de la temática de la autoridad, en general, el 58% de los jóvenes se presentaron interesados. Dato que para nosotros se mostró muy atractivo, ya que la idea inicial era que ellos tenderían a considerar este un asunto aburrido y demasiado denso. La contribución de mayor peso a esta cuestión es computada al grupo de jóvenes brasileños que contestó afirmativamente en el 65,8%. Este aspecto también se debe a los intensos cuestionamientos vinculados con los cambios de reglas observados en la escuela, debido a una más fuerte intervención de los operadores de la justicia en su interior, dada la vigencia del *"Estatuto da Criança e do Adolescente"*, cuestión que discutimos en el momento de la presentación de los datos cualitativos de esta investigación.

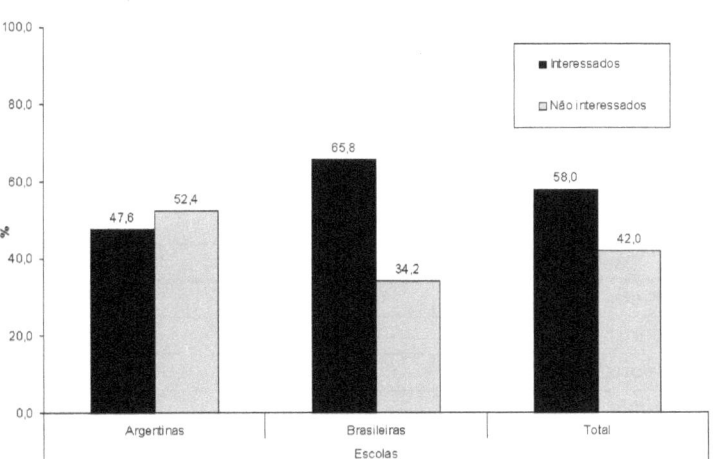

Gráfico 18 - Distribución porcentual de los alumnos interesados en participar de una actividad de reflexión sobre la temática "autoridad", según países

Anexo W

En el bloque relativo a los comentarios adicionales, solicitamos a los alumnos que eligiesen una sola palabra que pudiera venir a representar el significado de la noción de autoridad para ellos. De estas respuestas, emergieron cuarenta temas, o sea, las cuarenta palabras que más se repitieron en las respuestas dadas por los jóvenes investigados. Las respuestas presentadas serán tratadas con más detalles en el anexo X.

Inicialmente podemos decir que, a título de distribución porcentual de respuestas, los jóvenes argentinos eligieron *responsabilidad, poder, respeto y mandar* como las nociones más representativas y aproximadas a la idea de autoridad. Los jóvenes brasileños presentaran con más frecuencia las nociones relativas a *respeto, poder y mandar*.

Del total de respuestas, el tema *respeto* predominó con el 24,9%, seguido por *poder* (el 11,7%), *responsabilidad* (el 9,5%) y *mandar*, que correspondió al 8,7% del total de respuestas contestadas.

Estas respuestas –definidas como unidades de análisis– fueron distribuidas por porcentaje de aparición, lo que podremos observar en la tabla de abajo.

Tabla 5 - Comentarios adicionales sobre autoridad - Total de los alumnos

Ítems citados	Frecuencia	%	% Válidos
Respeto	89	24,9	25,4
Poder	42	11,7	12,0
Responsabilidad	34	9,5	9,7
Mandar	31	8,7	8,8
Orden	15	4,2	4,3

Ítems citados	Frecuencia	%	% Válidos
Actitud	15	4,2	4,3
Familia	14	3,9	4,0
Referencia	5	1,4	1,4
Derecho	5	1,4	1,4
Límites	4	1,1	1,1
Ejemplo	4	1,1	1,1
Conocimiento	4	1,1	1,1
Inteligencia	4	1,1	1,1
Superioridad	3	0,8	0,9
Control	3	0,8	0,9
Manejo	2	0,6	0,6
Disciplina	2	0,6	0,6
Dominio	2	0,6	0,6
Obediencia	2	0,6	0,6
Imposición / Intimidación	2	0,6	0,6
Organización	2	0,6	0,6
Educación	2	0,6	0,6
Normas	2	0,6	0,6
Humildad	1	0,3	0,3
Persona	1	0,3	0,3
Corregir	1	0,3	0,3
Aproximarse	1	0,3	0,3
Dirigir	1	0,3	0,3
Liderazgo	1	0,3	0,3
El bien	1	0,3	0,3
Una enseñanza	1	0,3	0,3
Privilegio	1	0,3	0,3
Merecimiento	1	0,3	0,3
Justicia	1	0,3	0,3

Ítems citados	Frecuencia	%	% Válidos
Comprensión	1	0,3	0,3
Carácter	1	0,3	0,3
Influencia	1	0,3	0,3
Equilibrio	1	0,3	0,3
Sin sentido, nulos	48	13,4	13,7
Total válidos	351	98,0	100,0
Sin respuesta	7	2,0	
Total	**358**	**100,0**	

Anexo X

Para analizar las representaciones sobre autoridad incluidas en las respuestas de los jóvenes, fueron creadas cinco categorías distintas. De ellas, solo las cuatro primeras serán consideradas en nuestro trabajo de investigación. Las categorías fueron así distribuidas:
- Categoría 1. *Autoridad representada por una imagen personificada.* En esta categoría encontramos las unidades de análisis *persona, familia* y *"el bien".*
- Categoría 2. *Autoridad representada por una postura referida a la alteridad.* En esta categoría las unidades de análisis son: *respeto, responsabilidad, humildad, aproximarse, referencia, actitud, ejemplo, protección, merecimiento, justicia, comprensión, carácter, educación* y *equilibrio.*
- Categoría 3. *Autoridad referida a una figura de liderazgo y organización.* En esta categoría encontramos las unidades de análisis *manejo, orden, corregir, dirigir, liderazgo, límites, disciplina, dominio, obedecer, directo, conocimiento, inteligencia, organización* y *normas.*

- Categoría 4. *Autoridad referida a una postura de dominación y autoritarismo*. En esta categoría tenemos como unidades de análisis los términos: *poder, mandar, superioridad, control, imponer reglas, imposición / intimidación, privilegio* e *influencia*.
- Categoría 5. *Nulos*. Ejemplos de unidades de esta categoría: *"qué sé yo", "no sé", "no me interesa"* y *"nada"*.

Expuesto esto, podemos afirmar que en la tabulación de la distribución de las unidades de análisis acerca de la representación del término autoridad, los datos nos informaron sobre una mayor expresión participativa en la categoría 2, que aquí definimos como una *postura referida a la alteridad* (el 44,4%), y en segundo lugar en porcentaje de respuestas quedó la categoría 4 (el 23,6%), donde la autoridad es representada como una *postura de dominación e autoritarismo*, conforme podemos observar en el gráfico a continuación:

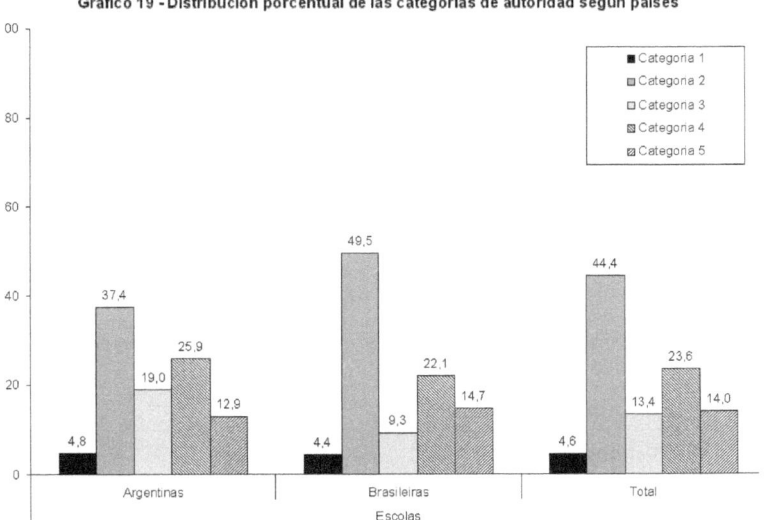

Anexo Y

3. Análisis inferencial

La técnica utilizada para comparar si existen diferencias significativas entre los estudiantes según los países fue el *test* de "chi-cuadrado" para independencia, del tipo "no paramétrica"; en este caso, en relación con los cuatro componentes determinantes del perfil de autoridad. La elección de esa técnica se debe al hecho de que las variables escogidas son de carácter cualitativo.

La tabla de abajo muestra que el *test* "chi-cuadrado" sirve para verificar si la diferencia entre las categorías de autoridad en las escuelas argentinas y las brasileñas son significativas con el 95% de confianza, por lo tanto, difieren entre sí (nivel de significación inferior al 5%).

Tabla 6 - Distribución muestral de las categorías de autoridad, según países y el test de chi-cuadrado

Categorías	Escuelas	
	Argentinas	Brasileñas
Categoría 1	7	9
Categoría 2	55	101
Categoría 3	28	19
Categoría 4	38	45
Categoría 5	19	30
Test chi-cuadrado		
- Chi-cuadrado	9,59	
- Grados de libertad	4	
- Nivel de significación	0,0479	

Anexo Z

Fragmentos de la entrevista con la coordinadora de la escuela 6
Idioma: portugués

"Nós aqui na CAJU estamos ocupados fundamentalmente em trabalhar a dimensão da pessoa que há em cada jovem... é... é um processo de formação integral... não é o sujeito fragmentado, mas o seu todo... nós queremos saber quem é esse jovem... de onde ele vem... quais são seus referenciais... e... a partir das atividades de artes ou... específicas de capacitação... trabalhar com ele seu projeto de vida... faze-lo pensar no que deseja... e projeta... para daqui a um, dois, tres anos... tentamos faze-lo parar um pouco para refletir sobre a sua própria vida... sua história até aqui... e pensar em suas escolhas... a gente se preocupa muito com esta questão... as atividades tem sobretudo um... um fundo de reflexão política... porque... a transformação... além de pessoal... também tem o poder de alcançar o coletivo... a comunidade... para... sair do indvidualismo... e ir na direção do outro... estabelecer relações consigo e com os outros...".

"A gente tem refletido muito sobre o lugar do estado em relação a implantação e manutenção da políticas de juventue... e... eu creio... não temos... não temos chegado a boas conclusões... temos pensado em como garantir algumas ações... e... em maneiras de intervir... de intervir para que o Estado possa garantir a implementação de determinadas políticas de enfrentamento de situações que... que representam um risco real a integridade desta população... a gente ve hoje, claramente, que... que o Estado terceiriza as ações com os jovens... fica muita coisa a cargo das instituições não governamentais... e... a gente pensa que não pode ser assim... ão governo cabe só garantir espaços de encarceramento dos

jovens... a posição do governo gira em torno da repressão e do encarceramento... vigiar e punir... e só...".
"Hoje uma das preocupações da CAJU enquanto instituição é a formação do processo grupal mesmo... de cuidar dessas questões dos jovens inseridos em outros espaços e... como ele se relacionam com esses outros espaços... e... também pensar como estes jovens intervém no espaço social... pela cultura... pensar com eles os modos como... por ejemplo... los modos como a juventude se posiciona na Cultura hip hop, no grafite... porque a arte... a educação... as expressões culturais... são... acima de tudo... espaços de emancipação... isto para a gente aqui é fundamental...".
"A gente também se ocupa muito em fazer uma leitura distinta desta avaliação perfeita que os jovens fazem da Casa... das atividades... nós trabalhamos na perspectiva de investigar, com eles, porque eles avaliam tudo aqui como 'muito bom'... nós fazemos tudo com o máximo de compromisso... buscando conhecimento já produzido sobre jovens... e nisso a Universidade tem sido muito importante... tentamos buscar novas metodologias.... que alcancem o trabalho com jovens... mas nós também queremos que estes jovens tenham a liberdade... o senso crítico de dizer: olha... me parece que esta atividade poderia ser melhor se... e aí desse a sua opinião... nós estamos ainda refletindo se esta posição do jovem quanto a... a avaliação dos trabalhos daqui... e da Casa em si... enquanto estrutura institucional mesmo... se isto é reflexo do medo de opinar ou das poucas condições que encontra para construir uma opinião... e... poder socializa-la sem riscos... porque a crítica é vista pejorativamente na maioria dos espaços em que o jovem circula... a gente faz um investimento sim... no espaço físico... na formação dos educadores... e... penso que estas ações... por não serem oferecidas em outros espaços... fazem parecer que aqui é um paraíso... mas mesmo o paraíso pode melhorar...". (Risos).

"A gente percebe que... a escola é um reflexo da sociedade... se a escola está um cãos... de alguma maneira está refletindo esta situação caótica na qual a sociedade está... os valores de referencia tem mudado muito... percebemos aqui... de forma muito intensa mesmo... as deficiencias da escola formal... a questão da leitura... da interpretação... a capacidade crítica... em geral... vemos com preocupação a questão dos investimentos em educação no país... os recursos de apoio... de formação e educadores...da infraestrutura escolar... são insuficientes... isto é uma realidade que afeta muito fortemente ãos jovens...".

"A gente ve que os jovens fazem avaliações muito positivas das instituições... porque... porque tem prejudicada sua capacidade de julgar... um exemplo disto é uma coisa que temos observado muito nas falas dos jovens... eles se apropriam... se apropriam das falas dos adultos... se percebe claramente que alguns discursos são da família... ou mesmo dos meios de comunicação... as vezes o jovem vem para a Casa com preconceitos que... que se percebe que não são uma construção própria... são discursos de outros... trabalhamos com eles esta questão... que para a gente é muito forte... perigosa mesmo... o fato dos jovens não serem atendidos na perspectiva dos direitos... dos seus direitos... é um problema muito complexo...".

"A gente percebe que os maiores problemas que são imputados a juventude são depositados no jovem pobre... é a juventude empobrecida quem paga o preço pela falta... ou pela baixa quantidade... vamos dizer assim... de políticas de juventude no país... a leitura é diferenciada... é uma leitura de classe mesmo... a idéia geral que permeia o imaginário da sociedade é a de que o jovem perigoso é o jovem pobre... é o carente... o que é ser carente? carente de que? esse termo é muito ambíguo... o tratamento dado a esse jovem é diferenciado... e... mudar esse vies de leitura, inclusive com os jovens daqui... não tem sido fácil...".

Anexo AA

Fragmentos de la entrevista con la diretora de la escuela 5
Idioma: portugués

"Olha... os meninos aqui... eu definiria como bons, mas um pouco indisciplinados... eu comento com os professores que talvez seja falta... assim... de aulas mais motivadas, mais interessantes... é isso que eu tenho observado... porque quando o professor da aquela aula... bem preparada...com muita motivação, aí eles ficam quietos... agora... se o professor não prepara bem... aí... tem indisciplina...".

"No ato da matrícula e nos primeiros dias de aula eles [os alunos] já tomam conhecimento das regras daqui... os pais concordam plenamente com a atitude mais rígida da escola... um ou outro caso, entre mil e tantos alunos é que não concordam, mas a maioria... ehhhhhh... eles aceitam bem...".

"Existem casos esporádicos de licença médica e licença premio dos professores... eu tenho só um caso de depressão aqui... mas eu não sei se é propriamente pelo trabalho não... voce sabe... é assim... tem essas doenças normais... a menina que fez cirurgia agora... porque ficou tomando medicação errada... aí complicou... um problema seríssimo... ela quase foi... quase...".

"Trabalhar com jovens dessa idade é difícil... é difícil mesmo... nós nos reunimos... uma vez por mes, ãos sábados... ehhhh... temos o encontro pedagógico para discutir esses problemas... não dá para negar... é difícil... fora os conselhos de classe que nós temos... uma vez por mes...".

"Agora não existe mais punição na escola... não existe mais punição como antigamente... advertencia... suspensão... essas coisas... agora "eles" nos orientam a fazer aconselhamento... ehh..... então nós aconselhamos uma vez, duas vezes, tres vezes, quatro vezes, cinco vezes... mas ele não sai da escola...

ele fica na escola mesmo... e o pai vem e... comparece... aí, quando nós tivermos um número "X" de aconselhamentos... aí a gente aconselha o pai a procurar uma outra escola...".
"É o primeiro ano em que nós estamos trabalhando com esse aconselhamento, né? Nós estamos tentando... nós estamos tentando... nós nos reunimos com todos os pais... avisamos ãos pais que agora vai ser aconselhamento... ehhh... eles estão sabendo...tomaram conhecimento... e os alunos também... e grealmente, quando eu converso com o aluno eu falo: se coloque no meu lugar... o que voce faria se voce fosse diretor de uma escola e tivesse um aluno igual a voce? sabe? então eu coloco o aluno na minha situação... sabe... aí eles pensam... falam...".
"Violencia... não... ehhh... algumas vezes eles falam assim "uns palavreados" mais fortes... né? De aluno para professor... o que é raro... foram dois casos este ano (estávamos em abril)... e brigas entre eles sim... ás vezes eles dão um soco em um... em outro... mas também não é muuuito comum não... de vez em quando tem umas "briguinhas" aí... aí... eles são chamados para a sala da coordenação... a coordenação chama os pais... e ela dá uma tarefa pra eles aí...mas dentro da escola... aluno não vai mais suspenso pra casa não... fica aqui... ela dá uma atividade, uma tarefa, alguma coisa pra eles fazerem...".
"O policiamento ajuda demais a escola... ajuda mesmo... faz parte até da escola já... eles estão todos os dias aqui... porque tem problema e eles vem ajudar... inclusive esse moço aqui do transito... ele também nos ajuda demais... tem a menina responsável pelo Conselho Tutelar... ela sempre vem aqui... tem o pessoal da Secretaria da Educação... todo mundo aqui dentro da escola... mas nós temos um relacionamento bom...".
"Mas... assim... a maioria... a maioria dos meninos respeita a autoridade da gente... um ou outro que não... mas eu os classifico como "bons meninos"... sabe... aqui dentro, não sei

lá fora... mas aqui dentro não tem problema de drogas... eles podem ser ususários... não digo que não... porque... voce sabe, né? Mas aqui dentro não tem... e quando a gente chama a atenção eles obedecem... um ou outro que não mais no geral...".

"Aqui nós trabalhamos com o 'Junior Activement' que é uma ONG... trabalhamos com os projetos do Rotary Clube... do Lions Clube... assim... nós temos esta parceria... eles vem aqui... fazem o trabalho... alguns são anuais, outros são semestrais... por exemplo... esse mesmo que trabalha na 'Mini Empresa'... na... no conhecimento... no conhecimento das finanças do país... ensinan como trabalhar com dolar, com euro... essas coisa assim... e também projetos para... disciplina em sala de aula, né? Eles trabalham muito com isto também... eu não sei detalhar muito, mas são trabalhos bons... são... trabalhos até bons...".

"O difícil que eu acho é o professor 'vestir a camisa' da escola... porque se o professor assume a sua responsabilidade... aí... na escola tudo flui... maravilhosamente... só isso é que falta... porque às vezes... um deixa a desejar... porque aí, se... se o professor ele... 'veste a camisa' da escola, eles trabalham bem com os meninos... aí a escola não tem problema... eu falo isso para eles... está nas suas mãos o funcionamento da escola... porque o professor... ele muda a cabeça de milhões de alunos... muda mesmo... só isso é que falta...".

Anexo AB

Fragmentos de la entrevista con la coordinadora de la escuela 5
Idioma: portugués

"O trabalho com jovens, hoje, do jeito em que as coisas estão, não é facil e nem difícil... é possível... apenas possível... os alunos são ingenuos e indisciplinados...".

"Hoje o grande problema da escola são muitos... não posso dizer que um é maior... a famíla, em geral, não respeita as regras da escola... fora a desautorização que tem sido feita pelo Ministério Público... ditadas também pelo do conselho tutelar... fora a Secretaria de Educação... que também tirou a autonomia da escola... amarra as mãos dos professores, dos diretores, dos coordenadores... a gente fica sem rumo...".

"Os tempos são outros... fica difícil trabalhar projetos e programas aqui na escola... nosso público mudou muito... as regras mudam a toda hora e... nem a gente sabe muito como lidar com essas mudanças... fica difícil até na hora de definir um perfil da escola... tudo mudou muito...".

"Por outro lado, os professores... eu penso assim... estão desmotivados... perderam o lugar... hoje os alunos enfrentam mesmo... e às vezes... é o professor quem tem que se calar para sustentar o salário do fim do mes... é difícil... está aí a outra coordenadora que pode confirmar o que eu digo...".

"Para manter a ordem... não sei... acho que neste aspecto o professor "homem" leva vantagem... tem a voz mais alta... e tem mais facilidade para impor respeito... e os alunos também ficam mais receosos de enfrentar um homem... não sei... eu vou dizendo as coisas e voce faz uma redação própria... entendeu?...".

"A mulher é mais condescendente, mais calma... isso atrapalha às vezes... com esses jovens do jeito que estão... as coisas ficam muito mais difíceis quando o professor é mulher... entendeu? eu penso que sim...".

"A polícia também tem feito parte do dia a dia da escola... mas eu não sei até quando... não conheço muito a dentro o Estatuto [da Criança e do Adolescente] então... sei que a escola está muito diferente... é um desgaste muito grande... as regras mudam com muita frequencia e hoje não se pode mais nem dar advertencia a um aluno... onde já se viu isso? Aí eles tomam conta mesmo... eu acho que essa *falat de pulso da escola interfere até na aprendizagem... porque desgasta também o professor...".*

"Acho bom que voce traga o seu trabalho para a gente conhecer... mas não sei se vai ajudar muito conhecer mais a fundo os problemas da escola... tem que mudar muita coisa para que a escola mude... a escola não tem forças para mudar sozinha... ou com a boa vontade de alguns... mas traga, sim... eu quero ver...".

"Eu acho que a escola de hoje não é igual a de ontem... a escola continua... todo mundo fala que leva os filhos para a escola... mas o modelo de escola... a qualidade da aprendizagem... a relação com o professor... ahhh... isso mudou demais! hoje é a escola que obedece... não são os alunos... e a escola obedece calada... vem tudo de cima...".

Anexo AC

**Testimonios de los profesores
de las escuelas investigadas en Brasil
Idioma: portugués**

Profesor 1

"Hoje não se pode mais dar advertencia para aluno nenhum... está muito complicado... eu... quando as coisas estão muito difíceis... suspendo o aluno da minha atividade... da minha aula... aí eu digo... pode ficar fora... até eu decidir que voce pode voltar voce não vai mais assistir as minhas aulas...".

Profesor 2

"A gente tem muito pouca autonomia... trabalha com poucos recursos e salas superlotadas... a gente fica insistindo

no giz e os alunos já estão de iPod... não tem santo que consiga fazer aula boa nesta esquema...".

"Parece que nós estamos na contra mão dos desejos dos adolescentes... eles parecem não querer saber o que voce tenta ensinar... não sei... como posso dizer... o valor do conhecimento hoje é outro... isso é incontestável...".

Profesor 3

"O aluno recebe uma advertencia do professor e vai logo com a mãe na secretaria de Educação... aí... direto o professor é chamado para dar explicações... é uma vergonha isso! Uma vergonha mesmo... a gente é que fica vulnerável por tentar impor autoridade... se o aluno consegue 'testemunhas', até processo administrativo o professor leva... isso faz com que a gente perca o estímulo...".

Profesor 4

"Hoje não tem mais esta diferença de escola de periferia e escola no centro... eu mesma trabalho em tres escolas diferentes... e... não sei... penso que a violencia está generalizada... a gente trabalha num campo minado... por isso a gente se contenta em dar uma aula light... a gente faz o possível...".

"Se as escolas adotassem o estilo militar... as coisas iriam mudar... porque o professor não tem mais voz... então não adianta ficar lutando... vem, dá sua aula e vai embora... é assim... acho que deveríamos receber adicional de insalubridade... trabalho de alto risco...". (Risos).

Anexo AD

Testimonios de los jóvenes brasileños recolectados en el interior de las escuelas investigadas
Idioma: portugués

Escuela 6

"Aquí a gente se sente bem melhor... o professores sabem o nome da gente... é organizado... se tem zoeira o professor logo poe ordem... mas quase nunca tem zoeira... quase nunca...".
"O lanche também é bom... é decente né?...".
"As salas, os banheiros... tudo limpo... bonito... assim... não tem luxo, mas é bonito... o jardim... risos...".
"Mas o melhor aqui é que tudo anda que nem um relojinho... tem aula na hora que tem que ter aula, tem regra, ninguém reclama das regras... o povo até gosta... eu mesmo... me sinto mais... segura... eu gosto...".
"E a gente escolhe... pode fazer ingles... computação... dança de rua... grafite... ah... um montão de coisa...".
"Parece que as coisas está tudo no lugar certo... é bom...".
"De ruim? De ruim é que a gente tem que ir embora...". (*Risos*).

En relación con las escuelas en las cuales cursan la enseñanza media

"As aulas na escola... tem dias que são organizadas, tem dias que não são... tem dias que temu m profesor dentro da sala e a metade dos alunos está fora da sala e a coordenação não faz nada... fica tipo... deixa pra lá... cada um faz o que quer... isso na nossa fase é horrível...".
"Se a diretora conseguisse conversar lá... para receber uma verba para a escola... tem mais de tres anos que eles vem prometendo... e nada! A escola está feia... por mais que

arrume a sala parece sempre bagunçada... aí os meninos só querem zoar mesmo...".
"Os meninos ficam zoando porque... sei lá... acho que se eles não querem aprender, problema deles, mas deviam deixar a gente aprender sossegado...".
"Tem professor que relaxa... sei lá... acho que pensa assim: ah... eu ganho pouco mesmo... não to nem aí...".
"O professor de física mesmo... ele explica, explica, explica... fica numa coisa só e ninguém entende nada... acho que nem ele entende... o de geografia é do mesmo jeito... mas eles são substitutos... todo dia é um que vem... aí ninguém aprende nada...".
"Tem professor que não tem responsabilidade... fica fazendo gracinha com os meninos e não dá aula... e também... eu acho um pouco anti-higienico... o professor fuma... ele vai pra fora para fumar e na hora que ele entra na sala ele está com aquele cheiro horrível... eu acho isso muito feio...".
"Tem vezes que tem aluno fora da sala e a gente pede pra ele por ordem e ele diz... ah... isso não é problema meu... eu não to nem aí... o que eu tinha que aprender eu já aprendi...".
"E também tem uns que dizem: eu não to nem aí, isso não vai descontar no meu salário mesmo... deixa bagunçar... aí a gente fica com raiva... se sente pequeno... da muita raiva mesmo... porque a gente não pode fazer nada...".
"Eu acho importante o ensino médio... tem várias matérias que nós não conhecemos no ensino fundamental... e elas são importantes... tipo química, física, filosofia, sociologia...".
"E tem matemática... uma matemática diferente... é essencial...".
"Se eu pudesse mudar a escola eu tiraria alguns alunos que só vão lá pra curtir, pra fazer bagunça... é... eu mudaria o jeito da escola... fazia uma reforma... porque ele não tá

aquela belezura, mas... não ta feia mesmo... vieram alguma pessoas e pixaram o muro... não dá nem vontade de vim...".

"*Ah... eu mudaria muita coisa... tem o lanche... que as vezes é muito ruim... e também alguns professores... tipo estes que não querem nada...*".

"*O governo quer mesmo é que ninguém estude... esse negócio do lanche... eles mandam para a escola 23 centavos por aluno... só um pãozinho é 25... ou o governo tinha que ter consciencia, ou tinha que abrir o jogo...*".

"*Lá no colégio, a coordenadora... assim... quando um aluno fala alguma coisa, o professor vai lá, conversa com ele... chama a coordenação e tal... aí a coordenadora vem e não pergunta nem o que que foi não... ela já julga a pessoa... por exemplo... uma vez já me julgaram por uma coisa que nem sabia o que que era... mandou eu embora... me deu advertencia e... ficou por isso... até hoje não sei porque que foi...*".

"*Tem professor que não se da ão respeito... briga com aluno e... de vez em quando coloca a culpa na gente... parece que eles tem a idade da gente... muitas das vezes... quando é assim, um aluno faz a bagunça e aí o professor culpa a sala inteira... e aí todos acabam se ferrando...*".

"*Na escola os alunos, na maioria das vezes não respeitam o professor... autoridad? O povo nem sabe o que é autoridade...*".

"*Alguns meninos da minha escola não tem respeito nenhum... nem com a diretora, nem com a coordenação e muito menos com os professores... igual no ano passado... muita das vezes o aluno mandava a professora... xingava ela de tudo quanto é nome, na frente de todo mundo e ela não podia fazer nada...*".

"*A escola também é culpada... não impõe respeito... vai lá, dá advertencia e fica só naquilo... eu acho isso um absurdo por causa que tem que ter respeito... se a escola não defende nem professor... vai defender a gente? Por isso que*

tem aluno morrendo dentro da escola... a escola não dá conta de proteger mais ninguém... eu acho isso um absurdo... isso acaba pesando um pouco no nosso dia-a-dia...".
"Na minha escola o povo não tem respeito pelos mais velhos... parece que os errados é que mandam... a escola não faz nada... não sei... parece que não pode mais...".

Escuela 5

"Os professores não tem autoridade aqui... ninguem tem domínio... eles não sabem como fazer... não sabem como reagir ãos alunos mais bagunceiros...".
"Quando uma parte da turma resolve zoar, a aula vai para o espaço... e aí cada um faz o que quiser... cada um aprende se quiser...".
"A diretora... coitada... trata a gente muito feito criança... como se a gente fosse criancinha... o povo ri...".
"A coordenadora só berra... o povo escuta ela gritando lá no fim do corredor... risos... quem que pode respeitar? O povo cala na hora e depois fica tudo igual...".
"Qualquer coisa que faz aqui... num vira nada... a escola não faz nada... só da conselho... teve gente até transando aqui... num virou nada... o carinha filmou... no máximo dá briga entre os alunos mesmo... sai no tapa...".
"Neguinho enrola o vigia, rouba a chave da entrada... risos... e ele nem vai atras, não... chama a diretora e ela vai dar sermão... não resolve nada... aqui neguinho faz o que quer... também... 50 alunos dentro de uma sala... quem é que vai encarar?...".
"Aprender? sei lá se a gente aprende... aprende? fala aí...".
"Tem professor bom... e tudo... mas fica só naquilo... o povo enrola... aí já viu... tipo assim... só embromação...".
"Agora... tem professor que é bom, mas tem professor que é burro"... (risos)... "não vem falar não... não sabe nem

ler o nome de um carinha lá... que tá no livro... enrola a lingua e não sai nada... ferrado mesmo...".

"A gente ve que tem professor que tá doidinho pra aula acabar... risos... eles não aguentam o povinho... é muita zoeira...".

"Pra melhorar? Só se deixar a gente beber umas... risos... estudar mesmo... ah... tinha que mudar muita coisa... ainda bem que tá acabando...". (Risos).

Escuela 4

"As vezes os professores também não fazem nada... não dão advertencia nem nada... fica por aquilo mesmo... aí os que já não querem nada com a coisa começam a zoar... parece que a escola é uma terra sem lei...".

"Em parte os professores estão impotentes... porque eles não podem fazer nada... não to falando que eles tinham que chegar, pegar um aluno... chegar ele no canto e bater... educar... igual os pais fazem... aí, por não ter certas atitudes... em parte eles ficam na mão dos alunos...".

"Mas... estudar depende do aluno... se ele quiser estudar, não importa onde ele esteja que ele aprende... depende muito do aluno... a escola tá aí... os pais fazem a parte deles, mas a gente é criado é para o mundo...".

"Direto falta professor... é um tal de subir aula... liberar todo mundo no recreio... tem escola demais e professor de menos... acho que eles vão desistindo... ou ficam doentes...".

"Falta mesmo... aí... quando um professor falta a coordenadora vai lá e dá um trabalho valendo 6, 7 até 8 pontos... aí o povo faz...".

"A professora de portugues fez uma cirurgia... aí ela passou um trabalho valendo 6 pontos... e a maioria das pessoas da sala fizeram... é tipo assim... já tá la mesmo... aí faz...".

"Direto... ou eles sobem aula, ou eles arrumam um substituto pro dia... direto tem substituto... é uma bagunça... os meninos aproveitam que o professor é novo e começam a zoar... tem professor que até chora...".

"A escola não impõe respeito do começo... aí o professor que chega querendo impor moral... fazer as coisas do jeito dele... rodam... se ferram mesmo... por isso que tem substituto que nem quer mais vim... aí... falta professor e eles passam tarefa pra gente...".

"Mas... assim... quem quer aprender, aprende né? Não importa a qualidade do ensino... a escola... depende de si próprio...".

"Ah, eu já acho que não... escola ruim ferra geral... a gente estuda porque a mãe fica enchendo o saco... se eu pudesse vinha só fazer prova e... tchau! A escola ruim do jeito que tá... olha essas paredes... olha esse pátio... parece cadeia! Isso faz a gente se sentir pequeno... se eu pudesse, nem vinha... eu vim transferido de outra... meu pai perdeu o emprego... a escola que eu estudava era melhor... os meninos falaram que... sei lá... dois tres anos antes... quem era novato apanhava muito... aqui... e a escola não fazia nada... só chamava a polícia... não se metia no meio... fala se isso aqui... deixa, vai...".

"Tem povinho que pula muro... risos... eu não pulo porque já aconteceu de ter neguinho esperando para ferrar neguinho do outro lado... aí voce não tá vendo... pula... e se ferra também... o que a escola faz? Nada...".

"Eu fico vendo, o cara estuda, estuda e vem pra escola levar esporro de neguinho... to fora... e os caras já sabem que a escola não pode fazer nada... aí... aí... é a lei do mais forte... chama mãe, chama pai... mas esses aí não tem mãe, não tem pai que de jeito... e a escola tem que aguentar... pai e mãe pode por na rua, mas a escola tem que aguentar... fala sério...".

"Regra tem... mas não acontece nada se não cumprir... risos... até acontece, mas... depois fica tudo igual... o menino ainda volta rindo...".

"Na minha sala teve um menino do terceiro que veio fazer prova pra um chegado dele... a coodenadora pegou... deu um esporro... mandou chamar a mãe... na outra semana ninguém mais nem lembrava...".

"Não adianta... começou errado... aí... tem que deixar passar o ano... tem que aguentar... tem que fazer alguma coisa no começo... depois que relaxou... aí...".

Referencias bibliográficas

AQUINO, J., "A indisciplina e a escola atual", *Revista da Faculdade de Educação*, São Paulo, núm. 2, Jul/dez 1998, pp. 42-56.
ARENDT, H., "¿Qué es la autoridad?", *Entre el pasado y el futuro. Ocho ejercicios sobre la reflexión política*, Barcelona, Ediciones Península, 1960/1992a.
ARENDT, H., "La crisis en la educación", en *Entre el pasado y el futuro. Ocho ejercicios sobre la reflexión política*, Barcelona, Ediciones Península, 1960/1992b.
AUYERO, J., *Otra vez en la vía: notas e interrogantes sobre la juventud de los sectores populares*, Buenos Aires, Espacio, 1993.
AZAR, G. & SILAR, M., *Metodología de investigación y técnica para elaboración de tesis*, Madrid, Hispania Libros, 2006.
BAUMAN, Z., "Desafíos pedagógicos y modernidad líquida. Entrevista concedida a Alba Porcheddu", *Propuesta Educativa: Revista de Educación de FLACSO*, Buenos Aires, 2009.
BOURDIEU, P., "Condição de Classe e Posição de Classe", en MICELI, S. (org.), *A Economia das Trocas Simbólicas*, San Pablo, Perspectiva, 2004.
BRASLAVSKY, C., *Informe de la situación de la juventud argentina*, Buenos Aires, CEAL, 1986.
BRASLAVSKY, C., "Reflexiones acerca de los discursos y las prácticas en las políticas educativas", en FRIGERIO, G. et al., *Políticas, instituciones y actores en educación*, Buenos Aires, Ediciones Novedades Educativas, 2000.
BRASLAVSKY, C. (org.), *La educación secundaria, ¿cambio o inmutabilidad? Análisis y debate de procesos europeos y latinoamericanos contemporáneos*, Argentina, IIPE / UNESCO / Santillana, 2001.

CAMUS, A., *El mito de Sísifo. Ensayo sobre el absurdo*, Buenos Aires, Losada, 1953.
CANNEL, C. & KAHN, R., "La reunión de datos mediante entrevistas", en FESTINGER, L. & Katz, D., *Los métodos de investigación en las Ciencias Sociales*, Buenos Aires, Paidós, 1989.
CARENA, S. *et al.*, *Intereses, costumbres y valores de la juventud cordobesa. Una exploración en estudiantes del último año de la escuela media*, Córdoba, UCC, 2006.
CHAVES, M., "Juventud negada y negativizada: representaciones y formaciones discursivas vigentes en la Argentina contemporánea", *Revista Última Década*, vol. 13, núm. 23, Santiago de Chile, diciembre de 2005, pp. 9-32.
DAY, C., *Formar docentes: cómo, cuándo y en qué condiciones aprende el profesorado*, Madrid, Narcea Ediciones, 2005.
DUFUR, R., *El arte de reducir cabezas*, Buenos Aires, Paidós, 2009.
FERREIRA, J. *et al.*, "Intervenção psicopedagógica institucional: relatos de uma experiencia", en SZYMANSKI, M. *et al.* (orgs.), *Diagnostico e intervenção psicopedagogica: reflexões sobre relatos e experiencias*, Casacavel, Editora Edunioeste, 2006.
FILMUS, D., "La educación latinoamericana: entre la transformación y el ajuste", en FRIGERIO, G. *et al.*, *Políticas, instituciones y actores en educación*, Buenos Aires, Ediciones Novedades Educativas, 2000.
FILMUS, D., *Cada vez más necesaria, cada vez más insuficiente: escuela media y mercado de trabajo en épocas de globalización*, Buenos Aires, Santillana, 2001.
FOUCAULT, M., *Microfísica del poder*, Madrid, Ediciones Endymión, 1992.

FOUCAULT, M., *Vigilar y castigar. El nacimiento de la prisión*, Madrid, Siglo XXI de España Editores, 1975/2005.

FRIGERIO, G. et al., *Políticas, instituciones y actores en educación*, Buenos Aires, Ediciones Novedades Educativas, 2000.

GIL, A., *Métodos e Técnicas de Pesquisa Social*, São Paulo, Atlas, 1999.

GRECO, M. B., *La autoridad (pedagógica) en cuestión. Una crítica al concepto de autoridad en tiempos de transformación*, Rosario, Homo Sapiens, 2007.

LECHNER, N., *Las sombras del mañana: la dimensión subjetiva de la política*, Santiago de Chile, LOM Ediciones, 2002.

LISTON, D. & ZEICHNER, K., *Formación del profesorado y condiciones sociales de la escolarización*, Madrid, Ediciones Morata, 2003.

MINAYO, M., *Investigación social. Teoría, método y creatividad*, Buenos Aires, Lugar Editorial, 2007.

PADUA, E., *Metodologia de Pesquisa. Abordagem teórico-prática*, São Paulo, Papirus, 2000.

PARO, V. H., "Situação e perspectivas da educação brasileira: uma contribuição", en: *Gestão democrática da escola pública*, São Paulo, Ática, 2002.

PETRACCI, M., "Una técnica de investigación cualitativa: el *Focus Group*", en *Metodologías cualitativas en Ciencias Sociales. Modelos y procedimientos de análisis*, Buenos Aires, Biblos, 2004.

SAUTU, R. et al., *Práctica de la investigación cuantitativa y cualitativa. Articulación entre la teoría, los métodos y las técnicas*, Buenos Aires, Lumiere, 2005.

SPOSITO, M., "Um breve balanço da pesquisa sobre violencia escolar no Brasil", *Revista Educação e Pesquisa*, São Paulo, vol. 27, núm. 1, jan/jul 2001, pp. 72-96.

SZYMANSKI, M. *et al.* (orgs.), *Diagnostico e intervenção psicopedagogica: reflexões sobre relatos e experiencias*, Casacavel, Editora Edunioeste, 2006.

TENTI FANFANI, E., *La condición docente. Análisis comparado de Argentina, Brasil, Perú y Uruguay*, Buenos Aires, Siglo XXI Editores, 2007a.

TENTI FANFANI, E., *La escuela y la cuestión social. Ensayos de sociología de la educación*, Buenos Aires, Siglo XXI Editores, 2007b.

TERAHATA, A., "Sentidos de participação e autoridade: um olhar sobre uma experiencia comunitária", Tese de Doutorado, Departamento de Psicología, PUC-SP, 2008.

ZUCCHETTI, D., "A produção de sentidos sobre jovens e juventudes", *Revista Iberoamericana de Educación*, núm. 47, OEI, sep. 2008, pp. 2-14.

SOBRE LA AUTORA

Rosane Castilho es docente estable de grado y posgrado en la Universidade Estadual de Goiás (Brasil). Graduada en Psicología –Universidade Católica de Goiás (Brasil)– y Doctora en Educación –Universidad Catolica de Santa Fe (Argentina)–, actúa como investigadora en la línea Juventudes Contemporáneas.
E-mail: rosanecastilho@ueg.br

www.ingramcontent.com/pod-product-compliance
Lightning Source LLC
Chambersburg PA
CBHW022011160426
43197CB00007B/386